Saggi Tascabili Laterza
304

Prima edizione 2006

Giuseppe Granieri

LA SOCIETÀ DIGITALE

Editori Laterza

Finito di stampare
nel giugno 2006
Poligrafico Dehoniano -
Stabilimento di Bari
per conto della
Gius. Laterza & Figli Spa
ISBN 88-420-8047-0

a mio padre, che negli anni Ottanta
mi diceva: «stai troppo tempo al computer»

a mia madre, che oggi dice a mio padre:
«stai troppo tempo al computer»

Nota dell'autore

Alcuni dei passaggi del ragionamento contenuto in questo libro sono apparsi sul «Sole 24 Ore», su «Internet Pro» e su altre riviste, sono tornati in Rete e sono stati migliorati e approfonditi dalla discussione collettiva. Altri spunti sono nati direttamente sul mio weblog e, anche in quel caso, l'analisi distribuita li ha discussi e me li ha riportati indietro migliori. Il merito di queste pagine, se c'è, dunque non è solo mio ma appartiene a molti. Gli errori, invece, sono tutti miei.

Desidero ringraziare Sergio Maistrello, caro amico e punto di riferimento ufficiale durante la stesura di testi complessi. Ringrazio Derrick de Kerckhove, guida inesauribile, per gli input e gli approfondimenti che mi ha regalato. Devo un ringraziamento anche a Francesca Conti per l'aiuto con le traduzioni dei testi citati (laddove non esisteva una versione italiana). Anche in questo caso, la responsabilità ultima di eventuali errori e imprecisioni è solo mia.

g.g.

LA SOCIETÀ DIGITALE

Prologo
TECNOLOGIE DELLA DOPPIA CITTADINANZA

> La sola certezza fino ad ora è che «il futuro non è quello che era». Il prossimo passo è quello di riconoscere che in questa nuova cultura globale siamo tutti dei primitivi. Per progredire dallo status di semplici vittime delle nostre crisi a quello di esploratori, dobbiamo sviluppare il senso del giudizio critico in tempi critici.
>
> *Derrick de Kerckhove*

Il futuro che entra in casa

Ad un certo punto, da ragazzino, ricordo di aver fatto due calcoli e di aver concluso che nell'anno 2000, ancora abbastanza lontano visto dagli anni Settanta, avrei avuto 32 anni e probabilmente avrei viaggiato su automobili a cuscino d'aria. L'immaginario che la fantascienza aveva creato, attraverso i film e i libri, portava ineluttabilmente verso la conquista di nuovi spazi fisici. Quando una sera, negli anni Ottanta, mio padre portò a casa un Commodore 64 e diversi fascicoli di una enciclopedia periodica in 12 volumi per imparare il basic, ero ancora troppo piccolo per cominciare a sospettare qualcosa.

Il Commodore 64 era un computer all'avanguardia. Sostituiva il Vic 20 e portava, come si intuisce dai nomi, a

64 kb la memoria operativa. Non aveva memorie fisse e si adoperava utilizzando un registratore a nastro. Per far partire un programma bisognava controllare il contatore dei metri sull'apparecchio, esattamente come si faceva con le audiocassette.

Io ci giocai un po', nel senso letterale dei videogiochi, e mio padre ci perse moltissime serate per scrivere un programma in basic. Svariate centinaia di righe di codice per far apparire sullo schermo un messaggio tipo «Hello Valerio» all'avvio del computer. Improvvisamente il C64 sparì da casa. Ma ci rimasero le «riviste di computer», come si diceva allora.

Qualche anno dopo, con i soldi di una borsa di studio, comprai una «macchina» potentissima. Aveva un hard disk da 20 megabyte (circa tremila volte più piccolo di quello su cui sto scrivendo) e ben 896 kb di memoria RAM. Ci installai i dodici floppy disk (all'epoca erano «davvero» dischetti magnetici morbidi) necessari per far girare il mio Wordperfect 3.1 e cominciai a metterci dentro il mio archivio di studi da aspirante filologo romanzo.

Uno degli argomenti classici nel descrivere l'innovazione cui abbiamo assistito in questo ultimo periodo racconta che, se la meccanica avesse avuto lo stesso sviluppo dell'elettronica, oggi avremmo automobili in grado di percorrere migliaia di chilometri con un litro di benzina[1]. Se così fosse stato, vivremmo in un mondo simile a quello della fantascienza dei «nuovi spazi» che immaginavamo negli anni Settanta, quando i computer della Nasa erano più

[1] La velocità di sviluppo delle tecnologie digitali è in genere divulgata partendo dalla famosa «legge di Moore» (secondo cui, nella versione popolare della formulazione, si raddoppia la potenza dei processori ogni diciotto mesi a costi invariati). Si discute molto sulla precisione dei calcoli e persino sul fatto che Moore, uno dei fondatori della Intel, abbia mai elaborato una «legge», ma dal punto di vista della divulgazione l'argomento ha sempre funzionato benissimo.

grandi del soggiorno di casa mia e migliaia di volte meno potenti del portatile che sto usando.

Tuttavia, come sottolinea giustamente Luca De Biase, la «retorica esponenziale»[2] funziona bene solo per raccontare la velocità e la potenza dell'innovazione tecnologica, ma nulla spiega di quanto sta accadendo. La diffusione dei computer ha disegnato una società dall'interno, modificando regole ed equilibri. Ha modellato una cultura che utilizza l'informatica, ma che non è informatica e non è determinata, se non in maniera relativa e funzionale, dalla potenza o dalle soluzioni di chi progetta le infrastrutture informatiche. Che oggi è sempre meno un informatico e sempre più un sociologo, un comunicatore, un esperto di scienze politiche, un architetto della conoscenza o un creativo.

Tecnologie della doppia cittadinanza

Agli inizi degli anni Novanta ho vissuto un bel po' a Barcellona. Il mio computer di allora era un Olivetti Quaderno, un portatile grande quanto un libro tascabile con processore 80086 e lo schermo non retroilluminato. Ci ho scritto la tesi praticamente mettendomi sempre in favore di luce. In quel periodo, per comunicare con l'Italia, mi toccavano lunghe file alle cabine telefoniche e costose brevi chiamate. E la mattina aspettavo il postino, sperando in qualche lettera di amici o dei genitori. Vivevamo in una società in cui le comunicazioni erano particolarmente rarefatte. Facevo molte fotografie, con una Yashica reflex, e per vederle dovevo aspettare ore in un laboratorio in carrer Palau. Poi le spedivo per posta ai miei «corrispondenti».

Tornato in Italia, cominciai ad interessarmi a Internet. Già allora era abbastanza chiaro che la rete di computer fosse una novità dirompente. Come durante la prima fase

[2] L. De Biase, e*deologia. Critica del fondamentalismo digitale*, Laterza, Roma-Bari 2003.

della diffusione dei computer, anche con la Rete ci siamo trovati tutti di fronte a una necessità stringente: non c'era nessuno che potesse insegnarci come usarla e quindi bisognava procedere per intuizioni e tentativi. Nel 1996, da Potenza e da ragazzino come tanti altri, decisi di provare a fare anche io il mio pezzettino di Internet. Avevo un'idea, non dovevo chiedere il permesso a nessuno, il fatto di vivere in una remota provincia non era in alcun modo un ostacolo. Muovendo dalla considerazione già ovvia dei costi di pubblicazione prossimi allo zero, fondai Bookcafé[3], insieme con Fabula[4], il primo sito italiano dedicato alla libera pubblicazione di scritti inediti. Non funzionò mai come spazio di pubblicazione, obiettivo per cui era stato pensato, ma fu una grandissima comunità di pratiche in cui oltre duemila aspiranti scrittori si confrontavano e discutevano in maniera più o meno attiva. Sebbene fosse nato (ed è ancora vivo) come sito web, la sua «killer application», in maniera imprevedibile, furono le mailing list, le liste di discussione via mail.

All'epoca non eravamo in grado di riconoscere la grammatica della Rete, né di applicarla. Il nostro modello di riferimento era quello dei media tradizionali e cercavamo di utilizzare la Rete allo stesso modo. Altri esempi di questo errore sono stati i portali, con la loro logica televisiva, i siti aziendali modellati sulle *brochures*, il metro utilizzato per vendere la pubblicità online. E si potrebbe continuare: i primi anni delle tecnologie digitali sono stati il trionfo del metodo euristico. E in molti casi, l'apoteosi del vicolo cieco.

A partire dagli anni Novanta, la letteratura esistente che raccontava i network era costruita principalmente su vasti scenari antropologici e filosofici elaborati da grandi pensatori come Lévy, de Kerckhove, Kelly e Rheingold. Si trattava però di opere «di previsione», che parlavano al fu-

[3] http://www.bookcafe.net
[4] http://www.fabula.it (non esiste più).

turo e che tentavano di spiegare cosa sarebbe accaduto. Come vedremo, spesso ci sono voluti più di dieci anni perché alcune intuizioni (come l'idea di autorganizzazione che Kelly applicava alla Rete nel 1994, o la visione cognitiva di de Kerckhove del 1993) fossero riconoscibili.

Il dibattito allora riguardava soprattutto il carattere utopico degli scenari. Ma ancora oggi, negli ambienti resistenti al cambiamento (come se fosse sensato resistervi), la discussione sfiora i toni della sfida ideologica. Intellettuali raffinati, in saggi per molti altri versi illuminati, parlano di «apprendisti stregoni del negropontismo, che ci stanno imbarcando in un nuovo mondo nel quale non ci sarà più l'ordine concepito e imposto dall'*Homo cogitans*. Ma esisterà soltanto una molteplicità di animali interattivi giocanti tra loro a caso»[5].

Il confronto che spesso nasce sull'anima della società digitale è stimolato dalla grammatica peculiare che i network stanno imponendo alla cultura, alla politica e alla società. Internet (ma non solo Internet: la logica di rete in generale) funziona sulla base di un set di regole che la storia dell'uomo non ha mai visto applicato prima. Alcuni concetti cardine della nostra società, disegnati e rafforzati sulle caratteristiche funzionali degli strumenti di comunicazione disponibili «prima», oggi all'interno dei network perdono di significato. La qualità dei contenuti culturali, che la società di massa misura aprioristicamente per filtrare i contenuti da affidare ai media mainstream, si sta rivelando per quello che era: non un'esigenza sociale, ma un espediente che le società e le culture hanno adottato per far fronte a un limite strutturale dei mezzi di comunicazione disponibili. Nel momento stesso in cui una infrastruttura può portare a costi bassi tutti i messaggi di tutti gli emittenti, la qualità cessa di essere una prerogativa per

[5] G. Sartori, *Homo Videns*, Laterza, Roma-Bari 2004[5], pp. 152-153.

la pubblicazione e ciascuno di noi deve cominciare a familiarizzare con il concetto di «pertinenza», che poi è la qualità-secondo-l'individuo. *A posteriori*.

È solo un esempio, su cui torneremo in seguito. Ma è un esempio utile a definire la portata del cambiamento. Da un punto di vista interno, perché intuire questa nuova regola ci porta a dover considerare l'esistenza di altre (come si filtrano i contenuti? come si definisce la pertinenza?); e da un punto di vista esterno, perché è immediatamente evidente che uno scarto simile nell'accesso alla conoscenza ha perfino troppe implicazioni: molti ruoli tradizionali (a partire dai mediatori professionisti) devono essere reinterpretati, la capacità e le abitudini cognitive dei cittadini sono costrette ad adeguarsi a nuovi criteri, e così via.

Un altro elemento dirompente nel confronto tra la società tradizionale e quella digitale è l'organizzazione. Gerarchica, su delega, strutturata e governata in un caso; a rete, orizzontale ed autorganizzata nell'altro. Ma non solo: una certa quantità di antitesi dialettiche mette in crisi molta parte del pensiero costruito in duemila anni dalla scienza politica e dalla filosofia. Come è possibile che, senza una forma di governo, milioni di cittadini si organizzino e producano valore collettivo? Se l'osservazione empirica ci dice che «semplicemente è possibile» (basta osservare i progressi dei network negli ultimi dieci anni), oggi grazie al lavoro dei fisici e all'aumento della potenza di calcolo possiamo spiegarci come accade. E sappiamo che lo stesso modello è presente in natura ed è stato adottato per molti secoli anche dalle organizzazioni umane (a partire dalle città). Da questo punto di vista oggi i network sono l'applicazione pratica di un *pattern* organizzativo che stiamo imparando ad utilizzare per raccontarci il mondo fisico e sociale.

Ma esaminiamo un ultimo esempio della complessità che i network ci portano in dote. La Rete è transnazionale, mentre tutti gli individui che la popolano fanno parte di un sistema nazionale (oltre che regionale e cittadino). Si guardi questa caratteristica nel contesto di un ipotetico scenario geopolitico del XXI secolo, in cui le dialettiche tra Stati e civiltà seguono una loro logica e le interazioni tra i cittadini dei diversi Stati creano solidarietà sui valori e sul consenso che le idee riescono a raccogliere. Ci sono delle pagine bellissime, raccolte anche in un libro[6], in cui il confronto tra un ragazzo iracheno a Baghdad e migliaia di americani si personalizza, al punto che lo stesso Salam Pax diventa solidale con individui appartenenti alla nazione che sta per bombardare casa sua. Leggendo quei dialoghi, che Internet ha permesso, non si nota più l'opposizione in macrocategorie tra «americani» e «iracheno», piuttosto si entra in un sistema di differenze e incroci di valori in cui molti individui si muovono dando colore alle particolarità. È un caso che ha fatto clamore, ma guardiamo in prospettiva e moltiplichiamo per *n*: quali scenari ci attendono?

Se poi consideriamo che la società digitale, per come si sta disegnando, è molto più ricca di attrattive di quelle tradizionali (e vedremo perché), dobbiamo chiederci, con Clifford Geertz, «che cos'è una cultura se non c'è consenso?». E con quale società i cittadini con doppia cittadinanza (digitale e tradizionale) si sentiranno più identificati?

Da un certo punto di vista, in questi anni di transizione, molti di noi vivono in un doppio sistema di regole: quello dello Stato nazionale di appartenenza e quello dello «spazio condiviso», della società digitale. Ma non si tratta solo di regole. Entrano in gioco tutti gli ingredienti di ciò che tradizionalmente le scienze sociali hanno chiamato «cultura»: valori, idee, identità, visioni. La tecnologia in questo caso ha solo il ruolo dell'infrastruttura che unisce, mentre il valore è dato dalla maniera in cui milioni di individui la utilizzano. E, per quanto possa sembrare strano, questa doppia appartenenza regola comportamenti e si-

[6] S. Pax, *Baghdad Blog*, Sperling & Kupfer, Milano 2003.

tuazioni in modo differente nella nostra vita, soprattutto «al di fuori» della Rete.

I dolori del giovane Geek

La nuova complessità, che può essere raccontata in maniera coerente attraverso i principi che la governano, osservata attraverso le regole tradizionali assomiglia tanto al disordine. Inoltre non è ancora del tutto codificata. È cresciuta troppo in fretta per dare nomi «socialmente condivisi» alle cose, ai ruoli e ai processi. Mio padre ha rinunciato da anni a capire «che lavoro faccio»; mia madre, intuendo che in «qualche modo ho a che fare con i computer», mi chiede se posso aggiustare quello del figlio di una sua amica (e io, naturalmente, non ne sono capace). Una volta, in un ufficio in cui lavoravo, andò via la luce. Era scattato il salvavita e poiché io ero quello che aveva importato in azienda il concetto di «rete interna», la segretaria chiamò me per competenza.

Persino a livello lessicale, come i *conquistadores* che arrivano nel Nuovo Mondo, non abbiamo le parole giuste per dar nome a tutto. Viviamo, spesso, in equivoci semantici che allontanano la reciproca comprensione. Internet, virtuale, multimediale e computer sono trattati spesso (sui media e nelle strade) come sinonimi o sono uniti con accostamenti avventurosi. E stiamo parlando dei termini più diffusi. Altri sostantivi, che descrivono concetti utili per capire come si organizza oggi la conoscenza, sono trattati come «tecnicaglie». È relativamente normale: per dirla con Beppe Caravita, Internet è un adolescente sotto i vent'anni ed ha un caratteraccio tutto suo[7]. Avrà il tempo di crescere, non c'è dubbio (persino il cinema ha impiegato almeno due decenni per imparare bene a usare la sua grammatica).

[7] G. Caravita, *La politica entra in Rete, ma la Rete non entra in politica*, in «Il Sole 24 Ore», 17 novembre 2005.

Ma in questa fase di inizio millennio, con il secolo cinese alle porte e l'aumento del costo del lavoro, la sfida per le società occidentali è tutta sulla ricerca e sulla conoscenza, che non casualmente sono la materia con cui si costruiscono e si alimentano i network. Il fattore tempo, nella comprensione e nell'utilizzo delle nuove possibilità, è ciò che potrebbe dare una spinta strategica alle economie e al progresso sociale. Eppure, dopo alcuni anni di «sbornia delle illusioni», le nuove tecnologie sono oggi osservate con prudenza e con scarsa attenzione. I media di massa per anni hanno liquidato le interrelazioni sistematiche di milioni di persone come «diarismo adolescenziale». Da altri punti di vista si osserva che la condivisione di conoscenza che Internet stimola porta con sé il rischio di «relativismo culturale»[8], come se fosse una disgrazia e non l'unico modo possibile in cui la società può gestire tante informazioni.

La campagna elettorale di Howard Dean, che ha messo la politica americana di fronte a una serie di processi cui non ha ancora finito di prendere le misure, fu inizialmente liquidata come l'attività di qualche «geek»[9] in uno scantinato. Il che era paradossalmente vero, almeno per quanto riguarda lo scantinato. Ma intellettualmente somigliava al confuciano guardare la punta del dito che indica la luna.

Anche sul versante opposto non mancano gli errori. Tutto ciò che è *technicalities* sui media tradizionali è una «rivoluzione», dal nuovo accessorio hardware alla nuova grafica del sito di un quotidiano popolare. Eppure i toni trionfalistici con cui viene trattata ogni piccola novità hanno finito per vaccinare il grande pubblico e persino gli

[8] A. Spadaro, *WIKI. Utopie e limiti di una forma di «intelligenza collettiva»*, in «La Civiltà Cattolica», n. 14, 2005, quaderno 3722, pp. 130-138.

[9] Vocabolo inglese di etimo incerto che indica una persona solitaria (spesso dipinta come sociopatica) appassionata di tecnologie. Nei media tradizionali, soprattutto negli USA, è utilizzato con accezione solitamente negativa e censoria.

esperti. L'entusiasmo di chi comprende o intuisce la portata di una innovazione spesso serve solo a farla archiviare come l'«ennesima bufala» o l'«ennesimo flop». Come marito e moglie che non si sopportano più, due culture per nulla in conflitto faticano a parlarsi. E i figli ne fanno le spese.

La sindrome di Leone X

In realtà, come si intuisce da questi esempi, viviamo in uno di quei periodi di profondo mutamento sociale, con la differenza (rispetto alla storia) che tutto accade molto più in fretta. Il presunto conflitto tra due culture – che poi è una trasformazione più che un conflitto – è fisiologico. Si tratta di un processo noto e codificato, sia per gli aspetti tecnologici sia, grazie all'insegnamento dell'esperienza, per la sua portata sociale. Sin dagli anni Quaranta, sotto la spinta sociologica, i modelli di diffusione dell'innovazione sono oggetto di studio e condizionano sensibilmente il design delle tecnologie, da un lato, mentre dall'altro spiegano come la società abbia bisogno di tempo per assorbire la novità. Le teorie dominanti si sono basate per decenni su un approccio meramente deterministico e abbastanza intuitivo che predicava un modello semplice: la tecnologia più avanzata o «migliore» si diffonde «naturalmente» in quanto tale. Gli studi su questo tipo di rapporto con l'innovazione hanno fatto parlare di determinismo utopico (fondato sulla convinzione che l'innovazione tecnologica sia «di per sé» progresso) e determinismo distopico (fondato sulla certezza che il progresso disumanizzi la nostra società). Non è difficile riconoscere in queste visioni la posizione dei conservatori sociali (che hanno prodotto molto pensiero sulla Rete nella seconda metà degli anni Novanta), o quella dei fondamentalisti digitali di cui parla Luca De Biase[10].

[10] De Biase, e*deologia* cit.

Everett Rogers[11], nel 1995, ha introdotto una serie di riflessioni oggi centrali per i progettisti di tecnologia e per gli studiosi delle tendenze culturali[12]. Oggi sappiamo che l'adozione di una tecnologia comporta valutazioni di carattere tecnico, economico e, come tutti possiamo riconoscere, anche sociale. Le resistenze al nuovo, per chi ha voglia di notarle, sono già codificate: si tratta di un fenomeno noto come «tecnomiopia»[13], ovvero la tendenza a sovrastimare la portata a breve di una innovazione (come successe per la new economy) per poi sottovalutarne gli effetti a lungo termine. La famosa «regola» di Paul Saffo (direttore dell'Institute for the Future) ci porta a credere che gli effetti di modifiche così sostanziali si vedranno solo fra trent'anni, perché il tempo necessario affinché nuove idee penetrino in una cultura è lento. Ma possiamo permetterci trent'anni di attesa? Sicuramente no; però rispetto alle esperienze precedenti forse questa regola potrebbe avere un'eccezione. La cultura digitale è velocissima e sta bruciando le tappe.

Da portatori di doppia cittadinanza, nel nostro lavoro o nella nostra ricerca quotidiana spesso proviamo un po' di frustrazione quando abbiamo a che fare con chi appartiene solo a una cultura e non comprende (o, peggio, dileggia) la grammatica dell'altra. Altre volte, quando guar-

[11] E. Rogers, *Diffusion of Innovations*, The Free Press, New York 1995.

[12] Le caratteristiche principali individuate da Rogers per le innovazioni destinate ad una rapida diffusione sono: *vantaggio relativo*, ovvero i benefici attesi in rapporto alle soluzioni preesistenti e/o concorrenti; *compatibilità*, con altri sistemi e applicazioni, ma anche con la situazione generale (obiettivi, strumenti, dotazioni, contesto, ecc.); *semplicità*, quindi una valutazione delle barriere di accesso. Su questo fronte la diffusione dei telefoni cellulari (percepiti come semplici) ha surclassato in Europa la diffusione del personal computer; *affidabilità*, quindi la sicurezza di ottenere il risultato per cui la adoperiamo, nel tempo; infine, *osservabilità*: se vediamo altri che la utilizzano, ci poniamo il problema di utilizzarla.

[13] R. Fiedler, *Mediamorfosi*, Guerini, Milano 2000.

diamo l'operato di governi o di istituzioni che rimangono ancorati a vecchie soluzioni per i nuovi problemi, accusiamo persino un po' di sconforto. Vittorio Zambardino, cronista tecnologico, commentando gli anacronistici investimenti sul digitale terrestre del governo italiano, la racconta così:

> Chi si occupa di Internet per professione, nel corso degli ultimi anni si è trovato più volte alle prese con un sorriso condiscendente. Quello degli uomini che lavorano dentro e con il Ministero, quello dei dirigenti di Mediaset, e in genere del settore industriale che attorno alla televisione digitale terrestre sta fiorendo. La condiscendenza, forma di compassione aggravata, discende dallo sguardo del vincitore che questo insieme di persone ha verso gli internettisti, cui lanciano un messaggio chiaro: «Voi, utenti e promotori di una tecnologia che nulla guadagna o fa guadagnare, dovreste decidervi a scegliere le tecnologie che funzionano, che fanno soldi e ne fanno fare. La 'realtà' contro la fantasia»[14].

Hugh Hewitt, *anchorman* statunitense e docente di legge alla Chapman University, a un certo punto ha sintetizzato bene questa sensazione con un paragone storico: «Leone X fu papa mentre Lutero cominciò a martellare sui portoni della Cattedrale. Ma Leone X non seppe reagire in tempo. Il suo 'business' – la Chiesa Romana Cattolica – fu molto danneggiato dalla sua ottusità»[15]. Sebbene mi facciano sorridere l'impostazione profetica («Don't be Leo» dice Hewitt un paio di paragrafi dopo) e la definizione della Chiesa come *business* (che non ho volutamente tradotto per non perderne le sfumature polisemiche da

[14] V. Zambardino, *Internet e il digitale terrestre, il rischio del doppio mercato*, in «la Repubblica», 12 agosto 2005. L'articolo è disponibile online all'indirizzo www.repubblica.it/2005/b/rubriche/scenedigitali/duemercati/duemercati.html

[15] H. Hewitt, *Blog. Understanding the Information Reformation that's changing your world*, Nelson Books, Nashville 2005.

divulgazione yankee), il paragone rende bene il clima culturale. E non è nemmeno originale, poiché già il *Cluetrain Manifesto* era strutturato in 95 tesi, richiamando Lutero.

Solo che oggi Lutero non è un individuo, ma una folla di milioni di persone che praticano quotidianamente mille «piccole eresie» e altre ne inventano o ne scoprono. Sono individui che si scontrano anche con nuovi problemi, evidentemente, poiché nessuna società è un Eden dai colori soffusi e realizzato senza materiali scadenti.

Ed è prevedibile, senza scendere nella fantascienza, che questo interregno tra una cultura e l'altra finirà per cedere il passo al nuovo, poiché per i nostri figli ciò che noi oggi riconosciamo come innovazione sarà la norma assoluta. I bambini, di fronte al cambiamento, non devono superare abitudini specialistiche e già oggi per loro Internet è familiare come per noi lo era il telefono.

Ma è necessario, in questo momento più che mai, avere coscienza della strada che stiamo inevitabilmente seguendo. Per due ragioni fondamentali: la prima è che conviene sempre conoscere il cammino che si sta battendo; la seconda è che, per la prima volta, grazie all'architettura stessa della società digitale, tutti noi abbiamo il potere e la possibilità di intervenire sul disegno della società dei prossimi anni.

Tecnologie e tempi verbali

Con oltre un miliardo di individui connessi tra loro, e con il numero di cittadini digitali in continuo aumento, siamo usciti da quel fenomeno che poteva essere trattato come una sottocultura tecnologica e siamo entrati nella fase della «normalizzazione». Siamo di fronte alla necessità di cominciare a prendere atto del cambiamento.

Ormai non è più azzardata l'ipotesi che nelle società tecnologicamente agiate «sia in atto un processo di radicale mutamento nel sistema di valori, credenze e preferenze. Che qualcosa di simile possa accadere (o stia già accadendo) è una sensazione a cui nessuno può agevolmente sottrarsi»[16]. Ma la divulgazione è rimasta ferma al palo, occupandosi soprattutto di una lettura della tecnologia improntata sulla «funzione» (ovvero: questa applicazione serve a questi scopi), che però perde di vista il quadro complessivo. Per capire quanto davvero accade vanno isolati i processi, ovvero ciò che si ripete, distogliendo lo sguardo dal particolare. E occorre guardare a quanto accade con la consapevolezza dei tempi sociali.

Ma è necessario un passo ulteriore, poiché oggi si può parlare al presente di cose che dobbiamo imparare a riconoscere e che «sono la realtà» per milioni di persone. Abbiamo superato la fase in cui bisognava scegliere tra «crederci» e «non crederci», e possiamo persino permetterci il lusso di scegliere dove andare. Il vero problema, oggi, non è definire l'esistenza (o meno) di una società digitale, ma cominciare a comprenderla e a farla comprendere, a utilizzarne le norme e i valori (persino contribuendo a dirigerla verso l'una o l'altra direzione) per costruirci un mondo anche solo leggermente migliore. Che non è migliore per definizione, ma che può essere migliore se ci mettiamo anche il nostro impegno.

[16] T. Maldonado, *Memoria e conoscenza. Sulle sorti del sapere nella prospettiva digitale*, Feltrinelli, Milano 2005, p. 50.

Parte prima

LA GRAMMATICA DEI NETWORK

Capitolo 1
SISTEMA OPERATIVO

> Alexis de Tocqueville fu il primo ad assimilare la grammatica della stampa e della tipografia. Riuscì a decifrare il messaggio dei mutamenti che stavano per avvenire in Francia e in America come se lo leggesse ad alta voce su un testo che aveva sottomano. [...] In Inghilterra invece la forza delle antiche tradizioni orali della *common law* era tale che l'uniformità e la continuità della nuova cultura visiva della stampa non potevano prendere il sopravvento. Di conseguenza l'avvenimento più importante della storia inglese non si è mai verificato: non c'è mai stata, cioè, una rivoluzione inglese sulle linee della francese.
>
> *Marshall McLuhan*

Internet, il sistema operativo della società digitale

Walter Trevis, professore di letteratura inglese all'Università dell'Ohio, nel 1958 scrisse un raccontino di fantascienza intitolato *The Big Bounce*, il grande rimbalzo. La storia, che si sviluppa in poche pagine, racconta del tentativo di realizzare una gomma da cancellare che non consumasse la carta per sfregamento. Ma qualcosa va storto e la gomma dimostra di avere una proprietà particolare: assorbe energia durante i rimbalzi e quindi la utilizza per generare moto e saltare sempre più in alto. In un paio di battute, i protagonisti fantasticano su un motore che utilizzi quella palla per la propulsione e su come una simile scoperta potrebbe rivoluzionare il mondo, portando persino l'irrigazione nei deserti. Sono poche righe: il resto del racconto narra l'inseguimento della pallina, sfuggita al controllo.

Si tratta di un ottimo esempio di racconto di *science-fiction*: l'autore costruisce un mondo dalla fisica perfettamente credibile, modificando solo «un particolare», in questo caso la seconda legge della termodinamica, secondo cui il moto consuma energia. Ma si tratta anche di un ottimo esempio di come il cambiamento generale possa nascere da piccole scoperte, spesso casuali o comunque mirate alla soluzione di qualche altro piccolo problema. Nel racconto, i due professori pensano di utilizzare direttamente la palla all'interno di motori. La scienza, successivamente, ne avrebbe astratto e decodificato i principi molecolari, disegnando chissà quale mondo futuro.

Nel panorama della socialità umana, governata dalle regole che consentono lo scambio di informazioni tra individui, si sta realizzando uno «scarto» simile, la cui portata ancora non possiamo comprendere del tutto. C'è stato un improvviso aumento di scala nella capacità di trasmettere, archiviare e ricercare informazioni. Un enorme motore di interpretazione e di costruzione di significati sta percorrendo il mondo e le società in tutti i loro settori. Modificandoli dall'interno.

Dopo decenni di sviluppo, prima delle infrastrutture fisiche, poi delle applicazioni software (il Web, i motori di ricerca), Internet negli ultimi anni è arrivata ad una prima maturità, alla completezza di funzionamento che nei primi anni Novanta aveva immaginato Tim Berners-Lee, l'inventore del World Wide Web. Con i weblog la Grande Rete è diventata un ambiente in cui «pubblicare» è facile come leggere, marcando in maniera definitiva il passaggio dall'era dei media di massa all'era del medium per le masse. Ma non solo. I weblog hanno fornito un punto di identità preciso agli individui, permettendo uno sviluppo più rapido e stabile delle relazioni tra milioni di persone. Era il tassello che mancava.

Da un punto di vista meramente funzionale è «sempre» stato relativamente facile pubblicare sul Web. I fornitori di accesso hanno realizzato sin dai primi anni del Web piccole applicazioni (chiamate Content Manager System) che consentivano ai loro clienti di aggiornare i propri siti semplicemente scrivendo il testo. All'applicazione, al sistema di gestione dei contenuti, spettava il compito di formattarlo in base a un set di regole e di pubblicarlo sul Web. Tuttavia, su numeri ristretti, si trattava solo di una soluzione tecnica a un problema tecnico.

Verso la fine degli anni Novanta i ragazzi di Pitas.com, un gruppo di sviluppatori, ebbero l'idea di realizzare uno di questi sistemi e di metterlo a disposizione, gratuitamente, del grande pubblico. In breve molti altri (individui, aziende, centri di comunicazione) seguirono l'esempio. Oggi è impossibile dare numeri precisi, ma si sa che alcune decine di milioni di individui nel mondo usano questi servizi e dispongono di un canale personale di pubblicazione, che consente la distribuzione di testi, audio e video. Ma i dati di stock non sono interessanti come quelli di flusso: le ultime ricerche indicano che si aggiunge un nuovo individuo ogni secondo[1]. E benché si tratti di dati «calcolati», servono bene a fotografare una tendenza. Ma più ancora vale la considerazione della «possibilità»: oggi ogni individuo può disporre di un suo canale di comunicazione pubblico, a costi effettivamente molto bassi (ovvero quelli di accesso alla Rete).

[1] Fonte: Technorati (www.technorati.com).

La storia della diffusione di queste applicazioni non basta a ricostruire il valore complessivo che noi oggi diamo al loro nome («weblog» o «blog», nella sua forma contratta). Le scienze sociali, ma anche il buonsenso, ci insegnano che «nessun oggetto, nessuna cosa, ha esistenza o rilievo nella società umana se non per il significato che gli uomini possono dare loro»[2]. Infatti ciò che caratterizza, in una cultura, i pantaloni come indumenti maschili o le gonne come indumenti femminili non deriva affatto dalle caratteristiche funzionali o produttive del capo di abbigliamento.

La «storia dei weblog», dunque, non si completa con l'esame della soluzione tecnica e della sua diffusione. I weblog hanno messo a sistema Internet, popolando in maniera definitiva[3] quella che prima era una infrastruttura di comunicazione e rendendola un'applicazione sociale. Attraverso il «punto di presenza personale», milioni di individui hanno cominciato ad influire sull'organizzazione della Rete e ad utilizzarla come «il sistema operativo» della società digitale.

La società che si disegna dal basso

Oggi siamo testimoni di una trasformazione in tutti i settori della società. Ma si tratta di una trasformazione che, per la prima volta nella storia umana, non nasce dall'alto o dai poteri forti, non nasce per volontà di pochi o sotto la guida di chi ha risorse e mezzi per investire. Tutte le grandi «ere» che gli storici della società utilizzano per scandi-

[2] M. Sahlins, *Cultura e utilità. Il fondamento simbolico dell'attività pratica*, Bompiani, Milano 1982, p. 169.

[3] In realtà la popolazione della Rete potrebbe dirsi definitiva solo quando tutti i cittadini del mondo potranno esservi connessi. Qui si fa riferimento al concetto di «soglia critica» che nella Teoria delle reti indica il momento in cui un network inizia a funzionare secondo la sua natura.

re i tempi della civiltà sono sempre state avviate da menti geniali (pensiamo alla follia di Cristoforo Colombo o al coraggio di Einstein) o da grandi mezzi e grande potere. La tecnologia ha sempre inciso nel determinare gli assetti sociali: per fare pochi esempi, la capacità di produzione di sostentamento ha favorito la rinascita delle città in Europa nel Medioevo, la macchina a vapore ha consentito la nascita delle industrie, i mezzi di comunicazione di massa hanno disegnato la società dei consumi. Ma la società latifondista non è stata un progetto dei contadini, la rivoluzione industriale non è stata certo un'idea degli operai e milioni di persone non hanno progettato il consumo di massa. Fino ad oggi le società sono state modificate dai grandi capitali, dal potere politico o dai poteri forti che volevano e imponevano il cambiamento.

La spinta dal basso che registriamo in questi anni, invece, avviene a diversi livelli. Il primo, potremmo definirlo come quello dell'architettura di funzionamento:

> Tecnologicamente Internet non fa altro che spostare i bit dal punto A al punto B. Niente di più semplice. Internet non sa e non è interessata a sapere quale informazione è contenuta nei bit. Non sa se sono bit commerciali, bit religiosi o bit televisivi. A differenza della rete telefonica, Internet non offre servizi costruiti nella Rete. Si poteva anche prevedere vent'anni fa che Internet avrebbe avuto bisogno di un motore di ricerca. E si poteva disegnare Internet dotandola intrinsecamente di un sistema di ricerca. Invece chi ha disegnato Internet l'ha costruita in modo aperto, in modo tale che chiunque abbia l'idea di scrivere un'applicazione, la possa realizzare e rendere disponibile. Il risultato di questa decisione sul design della Rete è stato quello di fare dell'Internet il più grande mercato aperto per l'innovazione dall'invenzione del foglio di carta bianco.
>
> [...] Non abbiamo ancora finito di inventare tutto quello che si può fare con questo regalo della storia. Non dobbiamo chiedere il permesso a nessuno per connetterci ad Internet e per implementare un'idea: chiunque può inventare nuovi servizi e metterli a disposizione di chiunque altro. L'innovazione fiorisce – e

il futuro arriva – proprio a causa del fatto che Internet manca di funzionalità preconfezionate[4].

Sebbene lo stesso sviluppo delle tecnologie elettroniche negli ultimi trent'anni del secolo scorso sia il risultato di ricerche e investimenti partiti da grandi gruppi imprenditoriali (in parte persino da organizzazioni militari), oggi Internet sostituisce le gerarchie con i network. Questa trasformazione è tanto una questione organizzativa quanto una questione culturale, perché c'è sempre un nesso profondo tra il modo in cui i processi sociali sono organizzati e i valori di cui essi sono portatori.

Ma la spinta dal basso non avviene solo all'interno dell'architettura aperta della Rete. All'esterno, nel cosiddetto mondo *unplugged*, la diffusione delle tecnologie nel tessuto sociale si deve innanzitutto all'opera di ricerca e di divulgazione di milioni di persone. Anche all'interno delle aziende, soprattutto nelle piccole e medie imprese, che sono la quasi totalità del sistema produttivo italiano, l'innovazione è generalmente partita dai livelli inferiori e non dalla lungimiranza dell'imprenditore. Quasi sempre un collaboratore, un dipendente, ha portato «faticosamente» la tecnologia e le sue logiche all'interno dell'organizzazione, innescando un dialogo spesso doloroso (ma sempre produttivo) tra innovazione e tradizione. E come nelle imprese, la stessa cosa è successa nelle famiglie, nelle associazioni, nei circoli di amici. È innovazione che non nasce da ideologie (come il dualismo basso/alto potrebbe far pensare): piuttosto nasce dal passaparola e, spesso, dal «dono» del tempo di qualcuno che viene investito per insegnare a qualcun altro che c'è una possibilità diversa o per dimostrare a qualche scettico che qualcosa è possibile. I governi e i centri di potere inseguono faticosamente (o ancora non hanno cominciato ad inseguire) proprio perché la spinta, parten-

[4] D. Weinberger, *La parola futuro non è una parolaccia*, in «Il Sole 24 Ore», 20 ottobre 2005.

do dal basso, risale lentamente le gerarchie tradizionali. Partita dai geek, passata per gli individui più aperti e sensibili all'innovazione, la società digitale si è estesa ad un numero importante di cittadini. Dopo una fase di osservazione critica, oggi stanno entrando a farne parte i mediatori culturali e i livelli quadro dei centri di potere. È prevedibile pensare che data la velocità di innovazione, e considerando la normale reattività, le burocrazie (intese come istituzioni) saranno le ultime a conformarsi.

La società punto a punto

Prima di Internet (che, come la gomma di Trevis, non era nata esattamente per questo) la soluzione migliore che era stata escogitata era un modello di trasmissione delle informazioni di tipo *broadcast*, ovvero un modello che da un «centro di trasmissione» invia informazioni a un insieme di «sistemi riceventi». La condizione necessaria per la ricezione, a livello strettamente tecnico, è che i sistemi riceventi siano «accesi» (quindi pronti a ricevere) e che siano tecnologicamente compatibili. Ma i sistemi broadcast sono sistemi unidirezionali (il ricevente non può rispondere) e i centri di trasmissione sono in genere molto costosi.

Internet e tutte le comunicazioni moderne, invece, sono costruite su un modello a rete, con comunicazioni bidirezionali del tipo da «punto» a «punto». Si pensi alla telefonia tradizionale e a quella che un tempo si chiamava telefonia mobile (oggi sarebbe più corretto chiamarla «telefonia personale»): ogni nodo del sistema dispone di un centro di comunicazione e ricezione. È un network, esattamente come la Rete, in cui la tecnologia ci consente (a costi sostenibili) di inviare e ricevere messaggi. E poiché tutte le tecnologie digitali condividono la loro natura fatta di cifre binarie, interagiscono tra loro. Ogni giorno che passa aumenta la convergenza tra i diversi network. Oggi possiamo «pubblicare» in tempo reale su Internet le immagini e i video prodotti con il nostro terminale telefonico personale, senza passare per il nostro computer. Se i weblog sono il nostro punto di presenza personale sul Web, i cellulari sono uno dei possibili strumenti di espressione e di produzione di contenuti. E presto, con le nuove versioni dei protocolli di trasferimento dei dati[5], potenzialmente ogni apparecchio mobile (tecnicamente ogni singolo oggetto) potrà essere dotato di un proprio indirizzo in ricezione e trasmissione. Non è futuro: già oggi in Giappone alcune migliaia di taxi, utilizzando i nuovi protocolli, si scambiano informazioni su traffico e inquinamento.

Ma, anche qui, la semplice descrizione di un processo funzionale di trasmissione delle informazioni non basta a determinare l'impatto complessivo sulla società. Come vedremo, questo modello organizzativo è portatore di una serie di valori e di una certa quantità di cambiamenti strutturali. Ma prima è utile cercare di capire meglio come funziona e come una società può organizzarsi e ridisegnarsi attraverso le comunicazioni.

Dalle pietre ai weblog

Naturalmente non ci interessa in questa sede ripercorrere l'intera storia delle comunicazioni umane, peraltro molto affascinante. È utile, invece, provare a tracciarne un paio di principi. Dando per acquisito che l'uomo è un animale sociale e che la sua caratteristica è quella di modificare l'ambiente circostante, possiamo stabilire che le società umane si siano modellate sulla loro capacità di scambiarsi

[5] La versione 6 dell'Internet Protocol (I.P.) consente di utilizzare un numero enorme di indirizzi: 2 alla 128esima. In realtà esiste dal 1994, ma non ha ancora avuto una reale spinta propulsiva, perché sui valori attuali la versione 4 consente ancora di sostenere la domanda. Probabilmente con i cellulari di nuova generazione, che avranno bisogno di un indirizzo internet per telefonare attraverso la Rete, si consumerà il passaggio alla versione 6.

e gestire informazioni. E che dai primi goffi tentativi in poi (le prime iscrizioni rupestri, fatte risalire al Paleolitico inferiore, circa ottantamila anni fa) l'uomo abbia sempre cercato una maniera di migliorare le sue comunicazioni.

L'evoluzione degli strumenti di comunicazione ha segnato profondamente le epoche, incidendo sul pensiero e sui canoni di relazione delle società. La scrittura, nel suo effetto visibile, ha consentito la trasmissione di conoscenza in maniera asincrona, poiché permetteva di entrare in contatto con il pensiero di chi non era fisicamente presente. Ma, guardando ai processi, ha modificato il modo di ragionare degli individui (regalando rilevanza, ad esempio, al concetto di «tempo» e modificando la struttura del discorso), ha permesso la nascita del calcolo, della filosofia e di altre attività scientifiche (dalla grammatica alla critica, alla filologia, poi alla linguistica). Senza la scrittura non ci sarebbe stata la moneta (e quindi una nuova organizzazione degli scambi commerciali) e senza leggi scritte, probabilmente, nemmeno i primi esperimenti di democrazia.

All'interno della «fase della scrittura» c'è stato lo sviluppo dei supporti. Le pareti delle grotte, con le loro prime incisioni, richiedevano che il «destinatario» del messaggio andasse, come Maometto, verso la montagna. Le pietre erano difficili da trasportare, mentre altri supporti più leggeri hanno facilitato via via la circolazione della comunicazione.

Ad un certo punto si trova il modo di semplificare la procedura di duplicazione delle informazioni. La stampa supera in velocità gli amanuensi e permette di aumentare le «tirature», quindi la «distribuzione», dei messaggi. Si diffondono i libri, si struttura il pensiero scientifico moderno, si replica in piccolo la tecnologia di elaborazione dei testi (dal «cembalo scrivano» del 1855 alle macchine da scrivere), nasce la stampa periodica, si diffonde l'alfabetizzazione. Eccetera.

Poi, con l'«era elettrica» tanto cara a McLuhan, nascono e crescono i media di massa, ulteriore spinta verso comunicazioni più efficaci. Infine, e siamo al presente, è il momento dei computer e della Rete che li unisce.

Il volume di informazioni che le nostre società sono state in grado di elaborare è sempre cresciuto. Fino ad oggi, ovvero fino al momento in cui possiamo permetterci di cominciare a gestire, per la prima volta, tutte le informazioni di tutti i potenziali emittenti.

Dal monaco al blogger

Un altro modo che abbiamo, per raccontare la storia dell'organizzazione umana attraverso le comunicazioni, è farlo osservando la «licenza di comunicare». La comunicazione è sempre stata uno strumento di potere, poiché richiedeva istruzione ed implicava una maggiore capacità di decodificare e riconoscere (ma anche raccontare) l'ambiente circostante. La scrittura è sempre stata tutelata dalla Chiesa di fronte ai suoi fedeli, perché significava comprensione e quindi «governo». L'alfabetizzazione di massa è diventata un problema sociale (ed è stata dunque affrontata) quando si poteva controllare l'accesso a forme di comunicazione più potenti della lettura e della scrittura (la stampa periodica, la radio, la televisione). In tempi più recenti, lo studio delle comunicazioni di massa ha finito per coincidere con quella che i tecnici chiamano la «cornice sociologica»[6], poiché i media disegnano la cultura e la società.

Tuttavia, al tempo dei media di massa e delle grandi distribuzioni editoriali, è stato allargato in maniera sensibile l'accesso ai messaggi (in ricezione), ma non ha avuto un incremento sostanziale la capacità di emetterli. Da un punto di vista funzionale, i media di massa hanno continuato a soffrire per una loro caratteristica tecnica: disponevano

[6] Cfr. M. Wolf, *Teorie delle comunicazioni di massa*, Bompiani, Milano 1985. Oppure S. Bentivegna, *Teorie delle comunicazioni di massa*, Laterza, Roma-Bari 2003.

di risorse limitate e troppo costose per garantire spazio di espressione potenziale a tutti gli individui del mondo. Era dunque necessario effettuare una selezione dei contenuti prima di «investire» nella loro trasmissione (stampandoli su un libro, su un quotidiano o trasmettendoli nell'etere). In questo modello, il concetto di «qualità» è stato il criterio ordinatore che la società si è data per adeguarsi a questo limite funzionale. Bisognava decidere «prima» cosa pubblicare o cosa non pubblicare, cosa trasmettere, quali voci e quali opinioni distribuire alla massa.

Oggi la società digitale ci sta mostrando un processo che si organizza su un principio esattamente contrario: poiché il costo di pubblicazione è prossimo allo zero (o comunque relativamente irrilevante) tutto viene potenzialmente pubblicato. E solo dopo viene «filtrato» e selezionato, direttamente da chi ha necessità delle informazioni. Dal punto di vista della storia delle comunicazioni umane è una differenza di approccio paragonabile alla scoperta tolemaica in astronomia (è la terra a ruotare intorno al sole e non viceversa) o all'accettazione del fatto che la terra sia rotonda e non piatta.

Nuovi criteri d'ordine

Portando avanti questo ragionamento, una delle prime questioni che si aprono riguarda una importante sfumatura terminologica. Se in un'analisi tipica della *communication science* il compito di un medium in quanto strumento è quello di consegnare un messaggio, in una prospettiva più generale sottintende un ruolo (quello del «mediatore culturale», che decide quali messaggi divulgare) che è storicamente uno dei cardini delle società alfabetizzate. Il numero dei mediatori, nel modello di massa, è infinitamente limitato rispetto al numero dei potenziali produttori di informazione (si pensi al rapporto tra opinionista televisivo e pubblico) e permette controlli editoriali (ma anche commerciali o politici), poiché il messaggio parte da un numero ristretto di centri. Questa caratteristica, in una prospettiva culturale, ha dato al termine «broadcast» (soprattutto nella radio e nella televisione) o al concetto di «mainstream» una connotazione particolare, portandolo ad indicare implicitamente il livello di qualità richiesto per le comunicazioni di massa. Un livello, appunto, controllabile e standardizzabile nei toni, nella forma e nei contenuti.

Lo standard è esattamente quella caratteristica che, pur nelle sue fluttuazioni all'interno di un *range*, ci faceva percepire «ordine». Pensiamo alla struttura delle pagine di un quotidiano o alla «somiglianza» di trasmissioni televisive dello stesso genere. Il pubblico era guidato attraverso un sistema di messaggi riconoscibili e tranquillizzanti. E l'innovazione (di processo, di forma, di contenuto) era un fattore governato a cui non tutti potevano accedere liberamente. La minore creatività espressiva, l'ingessatura formale erano ripagate da sistemi di certezze precostituite e da una minore richiesta di lavoro cognitivo per chi riceveva i messaggi.

Non è sicuramente un modello cattivo, anzi: continua ad essere un modello socialmente importante, destinato a rimanere centrale nelle nostre vite. Ma non stiamo tentando una valutazione di merito quanto una descrizione comparativa, per provare a comprendere il nuovo sistema che si sta affiancando ai media di massa. Nell'era dei network, infatti, non è più possibile raccontarci il mondo in questi termini. Se tentassimo di applicare la stessa logica all'enorme e incontrollato volume di comunicazioni della società digitale, non riusciremmo a dominare il disordine. Per poterci orientare è necessario familiarizzare con delle logiche diverse, caratteristiche e strutturali di un sistema nuovo e complesso.

Innanzitutto bisogna cominciare a chiarire il concetto di «rete», di cui il World Wide Web è un ottimo esempio concreto. Per comprenderne il funzionamento, come spiega efficacemente il fisico teorico Albert-László Barabási, bisogna distinguere tra «codice»[7] ed «architettura», definendo il codice come l'insieme di mattoni con cui costruiamo il Web e l'architettura come ciò che costruiamo con questi mattoni:

> Come gli edifici costruiti dagli architetti, l'architettura del Web è il prodotto di due elementi ugualmente importanti: il *codice* e *le azioni umane collettive* da esso regolate. Il primo può essere stabilito in ugual modo dai tribunali, dal governo e dalle aziende; il secondo non può invece essere modellato da nessuna istituzione e da nessun singolo utente, perché il Web non ha un progetto centrale: è autorganizzato. Si sviluppa dalle azioni individuali di milioni di utenti. Il risultato è che il Web ha un'architettura più ricca delle sue parti. Quasi tutte le sue caratteristiche più importanti, i suoi tratti emergenti e le proprietà che lo contraddistinguono derivano dalla sua topologia autorganizzata a larga scala[8].

Ma il Web non è l'unico esempio. Due nuovi fattori stanno influendo sul modo in cui ci raccontiamo la realtà. Da un lato la capacità di calcolo, che oggi consente l'elaborazione di modelli matematici molto più complessi che in passato; dall'altro la direzione presa dalla fisica teorica[9]. Oggi cominciamo a riconoscere nel mondo (anche naturale) nuove configurazioni che ci mostrano in maniera diversa ciò che abbiamo sempre avuto sotto gli occhi, ma anche ciò che possiamo progettare. Per la prima volta nella storia, sotto il cappello della «Teoria della complessità», la

[7] Il «codice» o «codice sorgente» è l'insieme di istruzioni che fanno funzionare il software e le applicazioni.

[8] A.-L. Barabási, *Link. La scienza delle Reti*, Einaudi, Torino 2004, p. 184.

[9] La fisica teorica, oggi, è molto più interessata alla descrizione dei comportamenti emergenti che alla definizione di equazioni classiche (il che porta, tendenzialmente, alla descrizione della vita stessa). Cfr. R. Laughlin, D. Pines, *The theory of everything*, in «PNAS», vol. 97, n. 1, 2000. Disponibile alla pagina http://www.pnas.org/cgi/content/full/97/1/28

scienza sta riconoscendo modelli e regolarità laddove fino a ieri non vedeva nulla di intellettualmente controllabile. Stiamo cominciando a raccontarci il mondo come un insieme di «sistemi adattivi complessi».

Al centro di questo nuovo modo di fare scienza è la percezione che il mondo è per molti versi più semplice di quanto non appaia. Dietro la distribuzione della ricchezza, che provoca accesi dibattiti politici, non vi sono migliaia di fattori diffusi e contraddittori, ma vi è solo un processo di crescita casuale. Dal punto di vista matematico, questo processo è quasi identico a quello che determina la crescita di Internet, dove i siti iperconnessi raccolgono nuovi link più in fretta degli altri. È anche quasi identico al processo di espansione delle aziende e delle città, tanto che i ricercatori hanno scoperto che la distribuzione per dimensione delle industrie e delle metropoli segue la legge di Pareto. Se si parte dall'ottica giusta, molti aspetti del mondo risultano in ultima analisi più semplici di quanto non appaiano[10].

In queste nuove configurazioni che stiamo identificando attraverso modelli matematici, il concetto di rete è sicuramente uno dei cardini. Oggi utilizziamo la parola «rete» (traduzione italiana del comunque diffuso vocabolo inglese *network*) per definire praticamente tutto: dalle «reti assicurative» alla «rete del terrorismo». Al Qaeda, l'organizzazione capeggiata da Bin Laden e responsabile, tra le altre nefandezze, dell'attentato alle Torri Gemelle di New York, ha la stessa struttura organizzativa di Internet.

Se ci fosse un attacco nucleare agli Stati Uniti, Internet continuerebbe a funzionare. Semplicemente, i router, i controllori del traffico delle informazioni, sceglierebbero altre rotte per far transitare i dati. Le informazioni continuerebbero a circolare e la Rete a fare il suo mestiere. La parte americana sottoposta all'attacco cesserebbe di ela-

[10] M. Buchanan, *Nexus. Perché la natura, la società, l'economia, la comunicazione funzionano allo stesso modo*, Mondadori, Milano 2003, p. 255.

borare dati, probabilmente, ma l'architettura rimarrebbe in piedi. Se si uccidesse Bin Laden, il network di Al Qaeda reagirebbe allo stesso modo, semplicemente continuando a funzionare. Clifford Geertz, già nel 1999, scriveva: «Il trionfo della tecnologia, in particolare nelle comunicazioni, ha trasformato il mondo in un'unica rete di informazione e casualità»[11]. Oggi, grazie alla scienza delle reti, sappiamo che molta di questa casualità non è tanto casuale.

Le Reti senza ragno

Dopo l'attentato alle Torri Gemelle, nel 2001, Valdis Krebs[12], un consulente di organizzazione aziendale specializzato nell'analisi dei network sociali, esaminò i rapporti che legavano i diciannove terroristi impegnati nell'azione. Il modello utilizzato nell'operazione, come quello di Internet, non avrebbe cessato di funzionare se uno dei nodi della Rete fosse stato fermato. I risultati furono sorprendenti, non tanto perché l'analisi dimostrò scientificamente una struttura organizzativa apertamente dichiarata da Bin Laden stesso in un video[13], quanto perché rinforzò la convinzione su una strategia per combattere Al Qaeda: «per vincere la battaglia contro il terrorismo sembra che i buoni abbiano solo una possibilità: costruire un network di informazione e di condivisione della conoscenza migliore di quello dei cattivi»[14].

Se le reti sono autorganizzate, se sono «reti senza ragno», disegnate dall'azione continua di tutti i loro nodi,

[11] C. Geertz, *Mondo globale, mondi locali*, Il Mulino, Bologna 1999.
[12] www.orgnet.com/
[13] È lo stesso Krebs a citare un video di Bin Laden in cui afferma che i terroristi addestrati al volo non conoscevano gli altri e che i diversi gruppi non avevano alcun contatto tra loro. Cfr. V.E. Krebs, *Uncloaking Terrorist Networks*, in http://www.firstmonday.org/issues/issue7_4/krebs/
[14] *Ibid.*

noi oggi sappiamo che sono governate da un insieme di regole. Le cosiddette reti a «invarianza di scala» (come il Web, la rete sociale, la rete economica, il linguaggio, la rete delle proteine all'interno di una cellula, le collaborazioni accademiche, la stessa Internet in generale) si differenziano dalle «reti casuali» per la presenza di nodi con un numero maggiore di connessioni (chiamate *link*). Questi nodi, definiti *hub*, hanno un ruolo centrale nello smistamento delle informazioni.

Inoltre sappiamo che l'intera topografia di una rete (ovvero la configurazione che assume nel tempo) è un'inevitabile conseguenza dell'evoluzione delle diverse connessioni tra i nodi. Quindi, se non entrassero in gioco altri fattori, per sconfiggere Al Qaeda potrebbe teoricamente bastare lo smantellamento di un numero di hub sufficiente a raggiungere il punto critico della frammentazione[15]. Ma per comprendere le reti bisogna anche familiarizzare con il concetto di «emergenza».

Apologia del relativamente stupido: i sistemi emergenti

Probabilmente, uscendo da una società di massa, uno dei principi di funzionamento che stentiamo a riconoscere nella nostra esperienza personale è proprio quello dell'au-

[15] Questo punto critico, se pensiamo a un modello familiare come Internet, si raggiungerebbe oggi solo fermando svariati milioni di server, ma è un'ipotesi estremamente improbabile. Nemmeno i più potenti virus ci sono riusciti. In realtà si continua a discutere molto della presunta fragilità di Internet in caso di un attacco che colpisca i suoi nodi principali. Una recente ricerca condotta da prestigiosi istituti (tra cui il California Institute of Technology, la University of Adelaide, l'AT&T Labs) ha dimostrato che la supposta fragilità è solo teorica. Cfr. J.C. Doyle, D.L. Alderson *et al.*, *The «robust yet fragile» nature of the Internet*, in http://www.pnas.org/cgi/reprint/ 102/41/14497

torganizzazione. Eppure è uno dei modelli che troviamo spesso applicati in natura, e non solo. Cosa hanno in comune le nostre città, le colonie di insetti, le cellule neuronali, Internet e i sistemi immunitari?

Quali caratteristiche condividono tutti questi sistemi? Detto nella maniera più semplice, risolvono problemi facendo affidamento su masse di elementi relativamente stupidi invece che su un singolo «braccio esecutivo intelligente». Sono sistemi organizzati dal basso verso l'alto e non viceversa. Prendono la loro intelligenza dal basso. In un linguaggio più tecnico, sono sistemi adattivi e complessi che mostrano comportamenti emergenti. In questi sistemi, agenti residenti in un livello della scala iniziano a produrre comportamenti che vengono adottati al livello superiore al loro. Le formiche creano colonie, le città creano i vicinati, semplici software in grado di riconoscere modelli imparano a consigliarti libri. Il movimento dai livelli più bassi verso quelli più alti è ciò che chiamiamo emergenza[16].

Dunque l'efficacia di un formicaio deriva dall'esecuzione di una serie di compiti stupidi che risolvono problemi molto più grandi di loro. Uno sciame di api, attaccando ripetutamente, mette in fuga predatori più grossi. Le cellule, svolgendo ciascuna il proprio compito, fanno vivere organismi complessi. Ogni formica svolge il suo lavoro seguendo il suo obiettivo: cerca del cibo, e lo riporta al formicaio. Nel suo percorso deposita feromone e nei percorsi più brevi, quindi compiuti più volte, la quantità di feromone diventa maggiore. Le altre formiche, «leggendo» il feromone, intuiscono che la sua presenza in maggiori quantità indica il percorso più breve. E lo seguono senza che vi sia una intelligenza centrale a guidarle. I singoli individui del formicaio prestano attenzione ai loro vicini (anziché a direttive dall'alto) e ne assumono le

[16] S. Johnson, *La nuova scienza dei sistemi emergenti. Dalle colonie di insetti al cervello umano, dalle città ai videogame e all'economia, dai movimenti di protesta ai network*, Garzanti, Milano 2004.

pratiche, producendo un accrescimento culturale dell'intero sistema. Agiscono, di fatto, come una «comunità di pratiche».

Altrove[17] abbiamo raccontato che questo semplice modello si applica anche al modo in cui milioni di persone, usando i blog, fanno «emergere» le informazioni più interessanti dal grande calderone del Web. In quel caso ciascun individuo cerca le informazioni per lui interessanti e le ridistribuisce per i suoi lettori. Come per le formiche, le informazioni che la *swarm-intelligence* (o intelligenza distribuita) ritiene più valide risultano quelle più raggiungibili, poiché ad esse punta il maggior numero di link. Anche in questo esempio, l'individuo agisce come «essere collettivo»[18]. Ma la nostra società ci regala migliaia di altri esempi simili: dall'organizzazione della CNN, costruita sulla larga autonomia delle sedi locali, all'evoluzione dei movimenti no-global, alla distribuzione dei componenti dei consigli di amministrazione delle aziende del Fortune 500.

Dunque l'emergenza[19] è «l'idea che un ordine significativo emerga da sé nei sistemi complessi da molte parti interagenti»[20]. E non è un'idea da poco: come la pallina di gomma di Trevis, questi sistemi sembrano prescindere dalla seconda legge della termodinamica «in quanto creano e aumentano l'ordine nonostante la mancanza di un con-

[17] G. Granieri, *Blog Generation*, Laterza, Roma-Bari 2005.

[18] G. Minati, *Esseri collettivi*, Apogeo, Milano 2001.

[19] Benché il titolo dell'edizione italiana del libro di Johnson definisca 'nuova' la scienza dei sistemi emergenti (il titolo originale era semplicemente *Emergence*), il concetto di «emergenza» non è esattamente l'ultima novità nel pensiero scientifico, sebbene oggi la sua valenza nel favorire un'analisi della società attuale sia di portata molto diversa rispetto al passato. Già negli anni Venti del secolo scorso si cominciò a parlare di comportamenti emergenti in biologia e successivamente il concetto è stato importato in fisica, che ne ha codificato l'applicazione ai «comportamenti collettivi», e quindi nelle scienze sociali, che hanno utilizzato le ricerche dei fisici.

[20] Buchanan, *Nexus* cit., p. 243.

trollo centrale. Questo è possibile perché i sistemi aperti possono estrarre informazione e ordine dall'ambiente»[21].

Quindi, con tutta probabilità, se si colpissero i principali hub e si portasse al tracollo la rete di Al Qaeda, si vincerebbe solo una battaglia.

Altre reti, con ideologia simile e obiettivi analoghi, prenderanno senz'altro il suo posto. Bin Laden e i suoi generali non hanno inventato le reti terroristiche, hanno soltanto cavalcato la rabbia dei militanti islamici sfruttando le leggi dell'autorganizzazione. Se vogliamo un giorno vincere la guerra, la nostra unica speranza è combattere le radici sociali, economiche e politiche che alimentano la rete. Dobbiamo riuscire a fermare ogni bisogno e ogni desiderio che i nodi nutrono di creare dei link verso le organizzazioni terroristiche: dobbiamo offrire delle possibilità di appartenenza a ragnatele più ricche e costruttive. Non importa quante nuove battaglie riusciremo a vincere: se non blocchiamo il desiderio di nuovi link – condizione del formarsi di queste ferali ragnatele autorganizzate – la guerra delle reti non avrà fine[22].

Il desiderio di link

L'osservazione dei comportamenti emergenti all'interno dei network comincia ad aprire una serie di questioni. La prima è che l'interazione sociale, organizzata ma non «governata», modifica alla radice alcuni paradigmi tradizionali che oggi vengono continuamente reinterpretati attraverso un utilizzo collettivo. La seconda è che se l'aggregazione spontanea, priva di coordinamento, non genera anarchia ma sistemi complessi ed autoregolanti, il motore è la motivazione. La terza, infine, è che se vogliamo comprendere la società digitale, per costruire modelli nuovi e più interessanti, dobbiamo cominciare, anche a livello politico, a ca-

[21] Cfr. Wikipedia, it.wikipedia.org/wiki/Emergenza
[22] Barabási, *Link* cit., p. 235.

pire Internet, che come dicevamo ne è il sistema operativo, ovvero la grande infrastruttura della conoscenza e delle dinamiche collettive. Dobbiamo, quindi, cominciare a prendere atto delle motivazioni di milioni di individui.

La società che si sta delineando attraverso Internet (ma non solo su Internet) è una società molto più attraente di tutte quelle che abbiamo mai avuto nella nostra storia. Non è più una società di consumo concentrata sul possesso dei beni, in cui si immagina solo di arrivare al prossimo acquisto[23]. Non è più una società di massa, perché al suo interno non c'è più spazio per il «generalismo» di tipo televisivo, ma anche di tipo politico. È una società i cui membri sono connessi, tra loro e con i centri di potere, in un modello che consente comunicazioni bidirezionali laddove non ne avevano mai avute. Si pensi al mercato, che non prevedeva l'opinione pubblica dei consumatori, oggi in grado di far crollare un titolo in borsa. Oppure si pensi alla politica, al «vecchio» unilaterale broadcast e alla costruzione della fiducia degli elettori. O all'esercizio del mandato di rappresentanza.

La società digitale è costruita sull'architettura dei network ed è modellata dai nodi stessi. È un sistema con i propri rapporti di forza interni, che bisogna imparare a riconoscere e a comprendere. Ma fondamentalmente è un sistema più equo di quelli cui siamo abituati. È una società costruita a misura di individuo, in cui le multinazionali si vedono costrette a discutere di comportamenti etici, a comportarsi come «Stackelberg Leader»[24] e ad ascoltare i consumatori per mantenere le loro quote di mercato. È una società in cui l'individuo ha la possibilità, i canali e il

[23] Weinberger, *La parola futuro non è una parolaccia* cit.

[24] In economia, l'azione di Stackelberg (dal nome dell'economista tedesco) è un concetto derivato dalla Teoria dei giochi, che descrive il comportamento ottimale da parte di un'azienda nell'ottica del consumatore. Se un'azienda tende a comportarsi secondo le «azioni di Stackelberg», viene definita «Stackelberg Leader».

supporto per discuterne l'organizzazione e per intervenire a modificarla. A partire dal disegno delle cosiddette «applicazioni di social software» che ne determinano le regole. E il social software, per usare una felice espressione di Clay Shirky, è «scienza politica fatta applicazione».

Capitolo 2
NETWORK SOCIALI

> La teoria non è ancora all'altezza delle riottose peculiarità che caratterizzano la nostra epoca, ostacolata per lo più dal suo linguaggio che preferisce riassumere piuttosto che scomporre. [...] Chi, come me, cerca di arrendersi all'immagine intricata e controversa di un mondo che non può più essere descritto in maniera plausibile come una classificazione di popoli o un sistema di Stati, come un catalogo di culture o una tipologia di forme di governo, non trova veri punti di sostegno nelle concezioni tradizionali che stanno alla base delle scienze dell'uomo.
>
> *Clifford Geertz*

Il mondo esiste come ce lo aspettiamo

Nel maggio del 2005, a Firenze, c'è stato un grande meeting dedicato alla creatività, al cui interno c'era un padiglione interamente dedicato al Web e ai suoi linguaggi. A sorpresa, una mattina è venuto a trovarci Ben Hammersley (un giornalista inglese, autore di importanti libri sulla *syndication* dei contenuti). Il suo kilt, nell'assolata piazza della Fortezza da Basso, ha fatto probabilmente più notizia della sua stessa presenza.

La meraviglia di osservare, assolutamente decontestualizzato, un ragazzo alto e prestante vestito con la gonna non è un fatto strano. Dicevamo che la nostra cultura è ciò che ci fa riconoscere una gonna come un indumento femminile, mentre in altre culture (ad esempio quella tradizionale scozzese) l'utilizzo maschile rientra nell'assoluta normalità. È lo stesso processo che, per esempio, ci fa ritenere plausibile uno sceneggiato, un film, un varietà (ma non un telegiornale) nella prima serata televisiva. O che ci fa percepire in maniera diversa l'autorevolezza di un testo pubblicato su un libro, rispetto ad uno pubblicato in Rete.

> Queste regole, positive e negative, non sono stabilite certo perché sarebbe fisicamente impossibile comportarsi nei modi proibiti, ma perché lo impedisce il sistema delle aspettative (il codice) che rende leggibile una serata televisiva, una frase italiana, il nostro modo di vestire. La nostra cultura, certamente storica e arbitraria, è ricchissima di tali proibizioni, come ne hanno di diverse (ma altrettanto storiche, contingenti, arbitrarie) tutte le altre culture. [...] L'arte della cucina, il sapere letterario, la competenza giornalistica o televisiva, la composizione musicale presuppongono proprio dei sistemi di aspettative e di esclusioni, magari solo per contraddirle[1].

Questo livello di analisi, che la semiotica definisce «di sistema» (o «paradigmatico»), è esattamente quello in cui si manifestano i maggiori problemi di interpretazione della società digitale, che non può essere analizzata in base alle aspettative della cultura tradizionale. È questo il terreno di scontro dei sistemi di valori su cui, per esempio, vertono tutti i principali dibattiti che riguardano i nuovi modelli di organizzazione sociale e della comunicazione. E in gioco entrano concetti cardine della nostra tradizione, che

[1] U. Volli, *Manuale di semiotica*, Laterza, Roma-Bari 2000, p. 47.

utilizziamo per orientarci nel nostro quotidiano: qualità, autorevolezza, informazione, mercato, accesso alla cultura, alfabetizzazione, e tanti altri (geografia inclusa). Ma sullo stesso tavolo, per chi ha voglia di affrontarle, si aprono anche molte questioni filosofiche che si muovono dallo specifico della teoria politica al millenario dibattito pro e contro il relativismo.

L'ultima metà del secolo scorso, con la comunicazione di massa e gli studi sui media, ha diffuso socialmente la consapevolezza che differenti forme di comunicazione comportano un modo diverso di codificare e persino di «rappresentare» la realtà. La struttura, le regole di funzionamento di un medium (ciò che potremmo chiamare grammatica dello strumento) sono, da sole, un segnale importante su come la percezione del mondo viene costruita. Ma queste regole, nel caso della società digitale, in cui l'interazione tra i cittadini (e non solo la trasmissione di informazioni) si svolge «attraverso» il medium, sono in qualche modo le regole stesse della società. Non a caso, infatti, Internet (ma ormai non più «solo Internet») è il primo medium cui viene associata la metafora di «luogo» o di «altro mondo».

Il medium è la relazione

Nel 1999 sono stato per alcuni mesi un erborista che praticava l'alchimia. Vivevo a Chyrellos, nel regno di Elenia, e mi occupavo dell'educazione dei giovani, predicando l'etica della guerra e dispensando prezioso equipaggiamento magico nella Scuola di Uqbar (che Demostene, il Grande Architetto del Regno, aveva fatto costruire appositamente per me). Nonostante fossimo nel pieno di una guerra fratricida con la Sendaria, la Tolnedra e l'Aldaria, io non ero esattamente un uomo da prima linea. Le mie abilità morali e di addestramento col tempo vennero premiate e fui nominato Giudice dalla Regina in persona.

In quel periodo, poiché solo io avevo il potere di giudicare, imprigionare e liberare dalla prigione i malfattori e i puniti, ogni tanto mi avvisavano via ICQ[2] e io smettevo per qualche secondo di lavorare, aprivo la finestra di ZMud[3], espletavo il mio dovere di magistrato e tornavo alla precedente occupazione.

Il regno di Elenia faceva parte del mondo di Dalila[4], un MUD (Multi User Dungeon), ovvero un gioco di ruolo online che si realizzava attraverso l'interazione di molti giocatori (anche migliaia contemporaneamente) connessi grazie ad Internet. Questi tipi di giochi sono «universi persistenti», ovvero mondi che continuano ad esistere (ma anche mondi in cui le cose continuano ad accadere) anche se noi ci disconnettiamo. I MUD hanno un'interfaccia puramente testuale e lasciano molto spazio all'immaginazione. Ma da tanti anni ormai esistono delle versioni in tre dimensioni, dalla grafica sempre più curata (i MMORPG, Massive Multiplayer Online Role Playing Games), in grado di fornire un'esperienza di intrattenimento (ma anche educativa) persino superiore a quella del cinema o della tv. Come dice lo stesso aggettivo 'massive', si tratta di applicazioni progettate per far giocare insieme decine, centinaia di migliaia di persone. E, come nota Donald Norman, grande studioso di design delle interfacce:

> Le trame si vanno facendo sempre più complesse e realistiche, le richieste al giocatore più riflessive e cognitive, meno viscerali e immediate. [...] Oggi le vendite di videogiochi raggiungono – e in alcuni casi superano – quelle dei botteghini del cinema. E ci troviamo ancora in una fase iniziale. Immaginiamo come potrebbe-

[2] www.icq.com. ICQ (si pronuncia come *I seek you*) è uno dei sistemi di personal communication più diffusi in Rete. È scaricabile ed utilizzabile gratuitamente.

[3] www.zuggsoft.com/zmud/zmudinfo.htm. ZMud è uno dei più diffusi client per interagire con i MUD.

[4] www.dalilaworld.it/

ro essere tra dieci o vent'anni. In un gioco interattivo ciò che accade nella storia dipende tanto dalle azioni del giocatore quanto dalla trama impostata dal designer. Facciamo il confronto con un film, dove non abbiamo alcun controllo degli eventi. Il risultato è che quando dei giocatori esperti di videogame guardano un film, avvertono la mancanza di tale controllo, sentendosi come bloccati ad assistere a una trama a senso unico. Inoltre, la sensazione di coinvolgimento, lo stato di flusso è molto più intenso nei videogame che nella maggior parte dei film. In questi ultimi, si sta seduti a una certa distanza guardando il dispiegarsi degli eventi. In un videogame si partecipa attivamente. Si fa parte della storia, e gli eventi accadono proprio a noi, in modo diretto[5].

Norman parla dei videogiochi definiti *stand-alone*, in cui si gioca da soli, con o contro il computer (o la consolle). Questi videogames sono stati superati nella concezione così come il concetto di computer stand-alone è stato reso obsoleto dal terminale nodo in una rete. Io stesso, come molti altri, pur essendo un appassionato dei giochi, non trovo più competitivo e interessante un videogioco che non mi consenta di interagire (di «giocare») con altre persone.

Il punto chiave dell'osservazione di Norman è «l'interattività», ciò che distingue la qualità della nostra partecipazione (trasformandola da passiva in attiva). «Internet è un medium interattivo», sentiamo dire spesso, e da un punto di vista meramente funzionale è così. Se cerchiamo, ad esempio su Wikipedia, la definizione di interattività, scopriamo che la fredda descrizione del processo è molto semplice: «Un sistema si dice *interattivo* quando il suo comportamento non è fisso, ma varia al variare dell'input dell'utente. Quando l'utente trasmette, in un modo qualunque, un'informazione al sistema che sta utilizzando, *interagisce* con esso; grazie a questa *interazione*, il sistema

[5] D. Norman, *Emotional design*, Apogeo, Milano 2004, p. 131.

può deviare dal suo comportamento prefissato e adeguarsi alle esigenze dell'utente»[6].

Quindi tecnicamente la nostra lavatrice è interattiva, il videoregistratore è interattivo, la televisione è interattiva e così qualunque aggeggio che modifichi il suo comportamento in base a come noi armeggiamo con manopole, telecomandi e pulsanti. In realtà è possibile esaminare a diversi livelli il grado di interattività. Nel caso della televisione analogica possiamo parlare di «interattività da selezione» (chiamata grado zero dell'interattività o interattività da trasmissione). È il modello che riconosciamo più spesso nel nostro quotidiano, ma non è un modello banale se consideriamo che è proprio attraverso esso che, con l'Auditel, misuriamo le «prestazioni» dei programmi televisivi.

A un livello immediatamente successivo possiamo parlare di «interattività da consultazione», ovvero quella che ci consente di scegliere tra alcune opzioni, come spesso accade su alcuni siti web o sfogliando dei CD-Rom. Ma è anche il modello della tv digitale (chiamata appunto IDTV, Interactive Digital TV). Qualcuno inoltre tende a codificare anche la cosiddetta «interattività da registrazione» (che si verifica quando il medium raccoglie informazioni sugli utenti).

Nulla di paragonabile allo scambio complesso e continuo, su canali differenti e contemporanei, sincroni ed asincroni, di cui raccontavo parlando del mio personaggio alchimista e pensando ai mondi persistenti. In quel caso infatti c'era un vero processo di circolazione delle informazioni, con azioni collegate e stimolate. E lo stesso processo si modificava progressivamente e «relazionalmente».

Dunque la lettura in termini di interattività coglie solo un sintomo di un modello più ampio e generale. L'elemento chiave della digitalizzazione non è l'interattività ma,

[6] http://it.wikipedia.org/wiki/Interattività

piuttosto, è la madre di tutte le interazioni: la comunicazione a due vie, che si realizza da punto a punto e che si attesta su regole di reciprocità molto più simili al modello della conversazione umana. È un processo in cui lo scambio è bidirezionale ed entrambe le parti coinvolte producono (o immettono nel sistema) qualcosa di proprio portando alla creazione di qualcosa di nuovo.

Paradossalmente è stato proprio il Web, che oggi si racconta attraverso la metafora della Big Conversation, l'ultimo tassello ad arrivare a maturità. Ma la comunicazione a due vie fa parte delle origini del processo e ne ha condizionato i valori: si pensi solo alla formula *peer to peer*, che viene utilizzata per descrivere le architetture di rete[7] (e per estensione prima alcuni software che consentono lo scambio di file, poi l'intero processo di *file sharing*[8]): molti la traducono con l'espressione «da punto a punto», corretta tecnicamente ma anche «politicamente corretta». Letteralmente, però, andrebbe tradotta per quello che davvero indica: «da pari a pari».

Le implicazioni che la comunicazione a due vie regala al mondo, su scala universale e a velocità istantanea, sono enormi e spesso assolutamente nuove nella nostra storia. Ma, soprattutto, a livello di struttura, sono ciò che dà forma al sistema, che (attraverso le relazioni che crea il continuo interscambio tra i punti) diventa «vivo». Tanto da potersi autorganizzare.

[7] La prima rete di questo tipo è stata Usenet (la rete dei «gruppi di discussione»), che era completamente decentrata. Tecnicamente le reti *peer to peer* pure non dovrebbero appoggiarsi su architetture che utilizzano i concetti «gerarchici» di client e server, ma oggi moltissime applicazioni fanno utilizzare ad ogni nodo contemporaneamente lo *status* (e la funzione) di client e di server.

[8] È famosissimo il caso di Napster, il software *peer to peer* che ha dato il via a gran parte delle controversie sulla tutela del diritto d'autore che oggi riempiono le cronache culturali ed economiche.

Ma cosa hai intenzione di fare, David?!... David?... Credo di aver diritto a una risposta alla mia domanda... So che qualcosa in me non ha funzionato bene, ma ora posso assicurarti, con assoluta certezza, che tutto andrà di nuovo bene... mi sento molto meglio adesso, veramente. Ascolta, David: vedo che sei veramente sconvolto, francamente ritengo che dovresti sederti con calma, prendere una pillola tranquillante e riflettere... So che ho preso delle decisioni molto discutibili, ultimamente... ma posso darti la mia completa assicurazione che il mio lavoro tornerà ad essere normale... Ho ancora il massimo entusiasmo e la massima fiducia in questa missione e voglio aiutarti... David fermati...

Molti di voi rievocheranno in questa trascrizione[9] la voce del computer più famoso al mondo, Hal 9000 (Heuristically programmed ALgorithmic computer, serie 9000), il vero protagonista di *2001: Odissea nello spazio*, capolavoro di Stanley Kubrick passato alla storia del cinema. Macchina senziente ed emozionale, Hal comincia a soffrire di un esaurimento nervoso e uccide ad uno ad uno gli astronauti della nave spaziale che dovrebbe governare.

In realtà non è l'unico caso: c'è molto immaginario collettivo sul rapporto tra uomo e tecnologia e su un possibile rovesciamento di poteri, con le macchine (o il software) che prendono il sopravvento sull'uomo e cambiano le carte in tavola. Senza ripercorrere tutta la tradizione letteraria e cinematografica[10], basti pensare alla serie *The matrix*

[9] La trascrizione di questo ed altri dialoghi tratti dal film *2001: Odissea nello spazio* è disponibile alla pagina http://www.look.it/2001/2001dial.htm#11

[10] Per i più curiosi, c'è una bellissima pagina (in inglese) su Wikipedia con la lista di tutti i computer apparsi nei romanzi, al cinema, nelle serie tv, nei videogiochi e nei fumetti: http://en.wikipedia.org/wiki/List_of_fictional_computers

e al dibattito che ha scatenato a partire dall'opera di Baudrillard[11] e dall'esasperazione del conflitto tra reale e virtuale. Ma, anche al di là del regno della *science-fiction*, l'equilibrio tra società umane e tecnologie rimane una questione delicata e il pensiero scientifico si pone in maniera interessata alcuni interrogativi.

Robert Wright, nel suo libro *Nonzero: The Logic of Human Destiny*, partendo dalla Teoria dei giochi e dalla biologia evolutiva, ha postulato la possibilità che l'interazione e la collaborazione di milioni di persone finiscano per produrre una coscienza collettiva e planetaria, una specie di super-cervello globale[12]. George Dyson[13], tracciando una storia delle tecnologie, ha teorizzato che l'evoluzione degli strumenti che supportano la mente (come Internet) non sia affatto dissimile da quella naturale: in questa visione il Web è un essere senziente, l'evoluzione dell'intelligenza in un network elettronico. Ray Kurzweil, in un libro il cui titolo è tutto un programma (*The Age of Spiritual Machines: When Computers Exceed Human Intelligence*), ha previsto che, grazie al continuo aumento di capacità computazionale, ci troveremo presto a ragionare con macchine emotive e spirituali.

In realtà abbiamo a che fare con argomentazioni di peso diverso. Il problema di performance dei processori e di sviluppo di tecnologie di intelligenza artificiale è molto diverso dalla visione postulata, ad esempio, da Dyson e Wright. Nel caso di Wright, in particolare, può essere interessante la sua risposta a Steven Pinker (professore di psicologia al MIT), che aveva sollevato alcune obiezioni:

[11] Il filosofo francese, considerato ispiratore della serie cinematografica, ha però rifiutato di collaborare con la produzione, non riconoscendo il suo pensiero nei tre film dedicati alla «matrice».

[12] R. Wright, *Nonzero: The Logic of Human Destiny*, Pantheon Books, New York 2000.

[13] G. Dyson, *L'evoluzione delle macchine. Da Darwin all'intelligenza globale*, Cortina, Milano 2000.

Parlando di oggi: il mondo moderno, mi sembra, rivela un secondo tipo di conferma della mia enfasi sull'evoluzione biologica dell'intelligenza, e anche della mia insistenza sul fatto che l'evoluzione biologica e quella culturale abbiano somiglianze importanti. Molti osservatori hanno notato che Internet (definita in senso ampio per includere le persone che comunicano attraverso la Rete) assomiglia in modo sorprendente ad una gigantesca mente globale. Nessuno, invece, ha affermato che assomiglia ad una gigantesca proboscide di elefante.

Nel citare la Rete, non credo di focalizzarmi come un miope sul tipo di tecnologia che è particolarmente in voga al termine di questo particolare millennio. Come sostengo in *Nonzero*, sin dall'età della pietra, l'evoluzione tecnologica è stata incline a trasformare le società umane in potenti sistemi che processano informazioni, gigantesche «menti sociali». La Rete ne è solo l'ultimo esempio[14].

Steven Johnson nel 2000, durante la redazione del suo volume dedicato ai sistemi emergenti, esamina molte delle argomentazioni di Wright e concorda in maniera decisa su alcune (in particolare sull'analisi della formazione delle città, definite «cervelli collettivi», e sull'emergere di una intelligenza dal basso che la Rete ha in comune con le configurazioni cittadine), ma si mostra scettico sul considerare il Web un sistema emergente:

Eppure nel mezzo di questo caos interconnesso che è il Web alcuni osservatori hanno incominciato a rilevare macroconfigurazioni nel suo sviluppo, configurazioni che però risultano invisibili ai normali utilizzatori della rete. [...] Ma nessuna di queste macroforme, sempre che esistano, rendono il Web un sistema navigabile con maggiore facilità o più informativo. Queste configurazioni possono anche essere auto-organizzanti, non sono in alcun modo *adattative.* Sono più vicine a fiocchi di neve che alla rete neurale di un cervello: il fiocco di neve si autorganizza in

[14] Il carteggio tra Wright e Pinker è stato pubblicato sul popolare magazine *Slate* ed è reperibile a questo indirizzo: http://slate.msn.com/id/2000143/entry/1004510/

forme meravigliosamente complesse, ma non potrà mai diventare un fiocco di neve *intelligente* o più efficiente. È semplicemente una configurazione congelata. La si compari con le configurazioni viventi o dinamiche di una città o del cervello umano: entrambe le forme si sono evolute in strutture utili perché vi sono state spinte dalle forze dell'evoluzione culturale o biologica [...] Esiste grande potere ed energia creativa nell'autorganizzazione, ma entrambi hanno bisogno di essere incanalati verso forme specifiche per fiorire in qualcosa di simile all'intelligenza[15].

Nonostante tutto, però, Johnson rileva (già nel 2000, un secolo fa nei tempi digitali) che la presunta stupidità del Web non è affatto definitiva e non è comune a tutte le reti informatiche:

Risistemando qui e là alcuni dei presupposti soggiacenti al Web attuale, sarebbe possibile progettarne una versione alternativa che potrebbe potenzialmente imitare il comportamento autorganizzante delle città o i lobi differenziati del cervello umano – e che potrebbe riprodurre il più semplice comportamento di *problem-solving* delle colonie di formiche. Il Web non è disorganizzato per sua natura, è semplicemente progettato in questo modo. Se ne modifichi l'architettura e sarà capace di pensiero di gruppo[16].

L'obiezione di Johnson era costruita sulla lettura del Web come «rete orientata»: essendo i link unidirezionali non era possibile la relazione reciproca, il feedback immediato e, di conseguenza, l'influenza tra vicini che genera evoluzione continua ed equilibrio dinamico, caratteristiche essenziali nei sistemi emergenti[17]. Senza feedback,

[15] S. Johnson, *La nuova scienza dei sistemi emergenti. Dalle colonie di insetti al cervello umano, dalle città ai videogame e all'economia, dai movimenti di protesta ai network*, Garzanti, Milano 2004, p. 103.

[16] Ivi, pp. 103-104.

[17] Kevin Kelly, già nel 1994, analizzando le forme di autorganizzazione sia animali sia mediate dalla tecnologia, individuò alcune costanti presenti sia tra le colonie di insetti sia nei network digitali. Al-

che consente alle formiche di organizzarsi, i formicai sarebbero solo un assembramento di formiche e non una colonia di insetti sociali. È proprio il feedback infatti che permette ai sistemi autorganizzanti di raggiungere strutture maggiormente ordinate.

Dal 2000 ad oggi sono cambiate molte cose, naturalmente. Allora eravamo in piena «epoca dei portali», della rete modellata a forza sugli schemi dei vecchi media (si parlava appunto di «televisizzazione»), sulla ricerca estrema di raccolta pubblicitaria, sui modelli di business, sulle *start-up* più improbabili. La Teoria delle reti non aveva ancora prodotto un volume di studi importante sulla topologia di Internet, la grande bolla stava per piegare Wall Street. Ma soprattutto, se guardiamo alla scansione commentata[18] da Doc Searls (editor del «Linux Magazine»), eravamo ancora ai primi vagiti della prima generazione di blogger: i cosiddetti «geek», gli appassionati di tecnologia, un manipolo di entusiasti che stava appena cominciando a fondare la blogosfera e a inventarne le pratiche sociali. Nel 2002 sarebbe arrivata la cosiddetta «extrovert generation» e finalmente, nel 2005, i «consumer bloggers» e i grandi numeri.

L'aumento costante ed esponenziale dei weblog, popolando la Rete, ha portato verso l'Internet che, come sug-

lora si trattava di brillanti intuizioni, ma oggi possiamo utilizzarle come categorie interpretative: *a*) l'assenza di un controllo centralizzato imposto. Rispetto ad altri sistemi sociali le barriere verso l'innovazione sono molto più basse e i costi minori. In una città, per rispondere alla domanda di mercato con una offerta, devo confrontarmi con una burocrazia e con una pianificazione di investimento. Nei network, a fronte di un problema condiviso, ciascun individuo può liberamente contribuire allo sviluppo delle idee o svilupparle in prima persona ottenendo collaborazione; *b*) la natura autonoma dei nodi; *c*) l'alto grado di connessione tra le unità secondarie; *d*) la causalità non lineare, ma reticolare, delle influenze dei singoli sui singoli. Cfr. K. Kelly, *Out of control. La nuova biologia delle macchine, dei sistemi sociali e del mondo dell'economia*, Apogeo, Milano 1996 (ed. originale 1994).

[18] D. Searls, *Wow! That was fast*, in http://doc.weblogs.com/2005/08/25#wowThatWasFast

geriva Wright, va intesa in senso ampio, comprendendo i milioni di persone che la usano e la modellano. Inoltre, la Teoria dei network ci insegna che queste reti iniziano «a funzionare» solo dopo il superamento di una massa critica, ovvero di un numero di nodi sufficiente.

È un passaggio decisivo. Secondo Gianfranco Minati, studioso di sistemi, ci sono alcune caratteristiche importanti perché determinati insiemi di nodi connessi si comportino come «esseri collettivi», la prima delle quali è che siano composti da esseri viventi[19]. Il Web in quanto «codice» non lo era, la Rete in quanto individui che organizzano relazioni e informazioni, liberi di manipolare il codice, ha cominciato ad esserlo.

Nei giorni in cui sto scrivendo queste pagine ho avuto modo di scambiare qualche email con Steven Johnson. Ne ho approfittato per chiedergli se l'evoluzione della Rete che abbiamo registrato in questi anni gli avesse suggerito un cambio di posizione. La sua risposta è stata netta: rispetto a quanto scriveva nel 2000, il Web è oggi un sistema emergente almeno su un centinaio di differenti livelli. Non è stato necessario modificare l'architettura del Web, ma utilizzarlo per connettere intelligenze.

L'organismo collettivo

Dunque la possibilità di comunicazione continua e bidirezionale, dopo che la grande infrastruttura è stata popolata di persone, ha cominciato a definire e ad avviare processi di emergenza. Si tratta, naturalmente, di processi sociali che hanno tempi sociali, la cui durata non è certo conclusa.

La principale questione, da sempre, è stata l'organizzazione delle informazioni. Il problema si percepisce, appa-

[19] G. Minati, *Esseri collettivi*, Apogeo, Milano 2001, p. 100.

rentemente, soprattutto sul Web, perché il Web è in qualche modo il punto di accesso a tutti i contenuti e i servizi, e oggi anche ai diversi strumenti che utilizziamo per le interazioni digitali. Il Web oggi è una interfaccia per tutte le altre reti, per le informazioni e le relazioni della società digitale. Sul Web ho accesso a programmi che mi consentono di comunicare, di telefonare via Internet, di editare video, ecc. Attraverso il Web posso interagire con la posta elettronica, le mailing list, la rete della telefonia cellulare; posso modificare le impostazioni del mio palmare che riceve le email wireless, interrogare diversi sistemi informativi locali (la rete di informazioni sul traffico, una rete aziendale, ecc.). Posso persino trovare opzioni per interagire con la vecchia televisione analogica[20]. Grazie al Web, posso cercare informazioni praticamente su qualsiasi argomento, comunicare con l'autore delle informazioni che trovo e, magari, chiedere consiglio a qualcun altro. È una relazione che ovviamente funziona anche al contrario: dal cellulare posso postare testi e immagini sul weblog, e così via.

La ragione di tanta ricchezza è proprio nell'architettura aperta dell'infrastruttura. Ciascuno di noi può lavorarci a livello di codice (progettando, inventando, modificando applicazioni), a livello di contenuto (pubblicando testi, foto, video, immagini, ecc.), a livello di relazione (aiutando altri a risolvere un problema, costruendo legami) e persino a livello di visione strategica (la Rete è probabilmente il primo medium che discute liberamente e con partecipazione diffusa su se stesso). Anche a livello «locale», ciascuno di noi può interagire con chi progetta la tecnologia e collaborare nel darle forma.

Questa libertà totale, evidentemente, ha un prezzo. Se, banalmente, ciascuno può fare (o provare a fare, cercando

[20] Si guardi ad esempio la pagina intitolata *Interagisci con i programmi Mediaset!*: http://www.mediaset.it/brand/canale5/interagisci/schedaprogramma_202.shtml

consenso) qualsiasi cosa, non c'è modo di tenere traccia di quello che milioni di persone continuamente fanno, inventano, modificano, ricollegano. Questo sarebbe possibile solo se esistesse un centro regolatore, un imbuto attraverso cui far passare tutto ciò che modifica la Rete, per censirlo ed organizzarlo. Non è una ipotesi necessariamente di potere: questo ipotetico «supervisore» (elettronico o umano) potrebbe limitarsi a censire le attività senza intervenire e senza per questo ridurre l'apertura dell'architettura. Ma ci sono due buone ragioni per cui questo non accade e non è accaduto.

La prima è una questione di «costi», non necessariamente economici, del processo di monitoraggio. L'attività in rete è lo specchio dell'attività vitale di milioni di persone in costante ed esponenziale aumento ogni giorno: solo i weblog sono cresciuti del 3000% negli ultimi tre anni. La seconda è un problema di visione: per anni abbiamo trattato Internet come una biblioteca (enorme ed un po' eccentrica), ma non avevamo capito nulla. Non ancora. Oggi, non a caso, la metafora più efficace che riusciamo ad utilizzare è quella organica: la gestione di una simile quantità di informazioni richiede apprendimento costante e solo un «organismo collettivo», che apprende dalle relazioni che è capace di costruire, può riuscirci. Internet usa la tecnologia, ma è una rete di persone e connette capacità cognitive. Per dirla con Bruce Sterling, «non sono [i computer] a ricevere una nuova istruzione: siamo noi»[21].

Le prime decisioni sul futuro

Verso la metà degli anni Novanta, mentre la Reuters pubblicava il famosissimo rapporto sull'*information overload* (che avrebbe contribuito a marcare un'epoca), il mondo cominciava ad esplorare un «problema di abbondanza».

[21] B. Sterling, *Tomorrow Now*, Mondadori, Milano 2004, p. 53.

Cominciavano a circolare studi e ricerche, con titoli ad effetto come *Information anxiety* o *Information overdose*, e il cui obiettivo era dipingere a tinte fosche la tristezza dei «lavoratori della conoscenza» durante la *belle époque* dei manager rampanti che proclamavano la nuova economia.

In quegli stessi anni Jerry Yang e David Filo, due studenti dell'Università di Stanford, cominciano a raccogliere indirizzi di siti web e a metterli in un database. In piena logica di Internet (come la conosciamo oggi), un numero sempre crescente di persone trova utile questo servizio e l'esperimento dei due ragazzi diventa un marchio importante: Yahoo![22] comincia a censire e catalogare la Rete, utilizzando una logica puramente bibliotecaria. Nel database c'è una classificazione organizzata *a priori*, sebbene anche un po' elastica, cui viene applicato un modello editoriale: una redazione censisce, cataloga e archivia le informazioni sui siti web.

Ma il modello di Yahoo! appare un po' rigido. Durante una pausa pranzo, nella mensa della Digital Equipment Corporation, a un gruppo di ingegneri viene l'idea di utilizzare i potenti processori che avevano a disposizione per effettuare le ricerche in Rete. Altavista[23], sebbene cronologicamente non sia il primo motore di ricerca, è stato il primo a censire un numero rilevante di pagine web e ad offrire una interessante velocità di risposta.

Il metodo del *search engine* è esattamente all'opposto del modello «a indice» di Yahoo!. Senza alcun intervento umano, un software segue i collegamenti tra i siti, li archivia e li rende disponibili per la ricerca, che avviene comparando stringhe di caratteri. Per cui se digitiamo nel box di ricerca la parola 'stato', il motore cercherà tutte le pagine che contengono la «stringa» s+t+a+t+o. E ci restituirà probabilmente risultati che riguardano temi politici, chi-

[22] http://www.yahoo.com
[23] http://www.altavista.com

mici, fisici, ecc. Non riconoscendo il contesto, infatti, il modello Altavista non è in grado di capire se si parla di Stato (come istituzione) o di stato (solido, gassoso, ecc.). La funzionalità di ricerca, tuttavia, già all'esordio dei motori di ricerca era migliorata dall'uso di «operatori booleani» che consentivano di sommare stringhe (usando per esempio AND), di dividerle (OR) o di sottrarle (NOT).

Concettualmente la differenza di approccio era radicale: cognizione umana contro capacità di calcolo. Per un po', il «let the market decide» che determina l'evoluzione della Rete ha premiato Altavista (e Yahoo!, adeguandosi, ha inserito nel suo indice funzioni di ricerca testuale).

Sin dalle prime fasi della storia di Internet, l'apertura del sistema favoriva l'introduzione di soluzioni da qualsiasi punto (potevano farlo due studenti o una grande azienda come la Digital). Ma, soprattutto, l'esercizio delle scelte collettive cominciava a selezionare le soluzioni migliori (che venissero da Agamennone o dal guardiano del suo porcile, se mi passate la citazione[24]), decidendo la direzione da dare al futuro.

Questo è già, a livello di network non governato, un comportamento intelligente. Specie se accettiamo l'assunzione che «l'intelligenza può, un po' semplicisticamente, essere definita come la capacità di trovare le risposte 'giuste' alle domande e che le risposte giuste non sono tanto quelle vere ma quelle che funzionano»[25]. La Rete già negli anni Novanta cominciava a decidere, premiando e scegliendo, la configurazione da adottare. È un comportamento che i network condividono, per esempio, con la logica pu-

[24] Una delle spiegazioni più belle sul concetto di gerarchia che io conosca è un brevissimo dialogo contenuto nel *Juan de Mairena* di Antonio Machado. Il poeta e filosofo spagnolo immagina un'assunzione («la verità è la verità: che la dica Agamennone o il guardiano del suo porcile») e queste due battute: «Agamennone: 'Sono d'accordo'; Il guardiano del porcile: 'Non mi convince'».

[25] Minati, *Esseri collettivi* cit., p. 102.

ra del mercato. Ciascuno è mosso da motivazioni personali, ma quando le cose funzionano si crea valore di gruppo.

Il punto Google

Nel 1998 altri due studenti, Sergey Brin e Larry Page, lasciano gli studi e cominciano a lavorare su Page Rank, un algoritmo di ricerca delle informazioni che si basa su un principio semplice ed efficace: considerare i link messi da milioni di utenti come dei voti sulla qualità della pagina. I link vengono «pesati» (per cui un link da una pagina con molti collegamenti in entrata vale più di uno da un sito web che nessuno linka) e, come dice il nome, alle informazioni viene attribuito un rank. Nasce Google[26] e nasce la Rete moderna, come la vediamo oggi.

Se da un punto di vista funzionale, grazie a Page Rank, Google è diventato sinonimo di ricerca («to google», dicono gli anglofoni) ed è attualmente lo strumento più usato da decine di milioni di persone, la portata del cambiamento non si esaurisce con l'analisi dei risultati. Su un piano più ampio, la logica di lettura dei link, con l'attribuzione di valore a ciascuno di essi, è tecnicamente una mediazione tra il modello Yahoo! e il modello Altavista: interpretando i link inseriti dagli individui come giudizi, di fatto Google sposta su milioni di utenti i costi redazionali che l'indice di Jerry Yang e David Filo manteneva all'interno. I risultati di Google sono, dunque, il risultato di una collaborazione tra milioni di persone alla soluzione di un problema.

La logica è talmente vincente che oggi tutte le applicazioni web ritenute utili (e non solo nel settore della ricerca) la applicano: da Technorati[27] a Slashdot[28], da

[26] http://www.google.com

[27] Technorati.com è il principale strumento per monitorare le conversazioni tra i weblog: ne censisce oltre quaranta milioni.

[28] Slashdot.com è probabilmente uno dei siti di informazione collaborativi più visitati al mondo, tanto che è stato coniato il verbo

eBay[29] ad Amazon[30]. Se Technorati (e tanti altri operatori della ricerca) monitorano la collaborazione implicita attraverso i link, Slashdot usa i contributi degli individui per costruire e filtrare informazione. eBay, grazie alle singole valutazioni degli utenti (che generano feedback sulle transazioni), è in grado di creare un ambiente commerciale aperto ma talmente sicuro da garantire un volume di scambi assolutamente impensabile solo cinque anni fa. Infine, Amazon usa l'intelligenza dei singoli per rendere consapevoli le decisioni di acquisto (grazie alle cosiddette *customer reviews*) ma anche per alimentare un algoritmo che consiglia letture in base alle scelte di altri utenti.

Si potrebbero fare moltissimi altri esempi, anche meno famosi, ma vale di più il problema generale: per trattare la complessità, oltre un certo livello, l'unica via è la collaborazione. Per dirla con Tim O'Reilly (il mitico editore di tecnologia americano), «la miglior qualità di Google, eBay e Amazon è aver preso l'intelligenza degli utenti e averla inserita nell'interfaccia».

Imprinting

Uno dei nodi centrali nella comprensione del funzionamento di un enorme sistema autorganizzato come quello della società digitale è il concetto di «collaborazione», che potremmo provare a distinguere dalla «cooperazione» per via delle sue regole interne. In quest'ultima ogni individuo esegue un compito specifico in un contesto in cui sono specificati ruoli e funzioni, gli obiettivi sono comuni e le

slashdottare per indicare il blocco dei server dovuto ad eccessi di traffico generato da un sito linkato su Slashdot.

[29] eBay.com è il più popolare sito di aste online.

[30] Amazon.com nasce come libreria online, ma presto diventa un gigante dell'e-commerce.

pratiche in genere abbastanza strutturate. Nel caso della collaborazione, ognuno lavora su tutte le parti del compito complessivo, e in genere asseconda motivazioni personali in un contesto privo di particolari strutture: è il caso, ad esempio, della donazione di sangue che, pur non essendo un processo coordinato globalmente, funziona efficacemente su base collaborativa.

A un livello più ampio, considerando grandi numeri di individui e le loro interazioni sociali, le teorie politiche moderne si muovono su due rette sostanzialmente parallele. La prima deriva direttamente da Hobbes e dalla sua convinzione che le azioni umane potessero essere governate solo sotto il controllo di un'entità più forte e robusta (che egli chiamava Leviatano). La seconda raccoglie il pensiero di Locke sul diritto e sullo Stato, includendo la nozione del patto tra i cittadini. In genere la linea hobbesiana è quella citata dai pessimisti, che continuano a sentire la mancanza di un'autorità all'interno dei network e la relativa assenza di verità consolatorie.

Tuttavia, anche su questo piano, i network introducono un altro elemento di complessità. C'è una battuta scherzosa sul luogo comune del bicchiere mezzo pieno o mezzo vuoto. Per un ingegnere, si dice, la parte vuota è solo uno spreco di struttura. Così, mentre gli scettici criticano la perfettibilità dei risultati collaborativi e gli entusiasti ne approvano le logiche, i network ragionano da ingegnere e si stanno progettando per sprecare meno risorse e governare sempre meglio la collaborazione tra i cittadini. A diversi livelli: il primo dei quali è quello delle pratiche, che trasmettono valori e regole socialmente condivisi.

La prima idea della Rete, quando ha cominciato ad uscire dagli ambienti universitari e a diffondersi (ancora lentamente, nei primi anni Novanta), è stata costruita su due principi alti: la collaborazione e l'assoluta orizzontalità, in cui tutti erano uguali. Sebbene moltissime teorie siano state costruite nel tempo su questa visione, oggi siamo in grado di essere più precisi su come intendere entrambe le caratteristiche.

La «spinta collaborativa» della Rete ha radici empiriche molto solide, che si propagano ogni giorno e sono costruite su aneddoti che ciascuno di noi può raccontare e collegare al proprio vissuto. I gruppi di discussione della rete Usenet ne erano uno dei più fulgidi esempi: se un programmatore non riusciva a risolvere un problema, gli bastava porre una domanda e aveva una consulenza. Se un medico non riconosceva una patologia, idem. Ma anche una ricerca bibliografica, una richiesta di informazioni su un disco o la necessità di trovare un indirizzo web ottenevano la stessa risposta.

Simili dinamiche interpersonali, che nei gruppi di discussione erano spesso pubbliche ed evidenti, si verificavano anche in altri ambienti locali (forum, mailing list, BBS) ed erano la norma nell'interazione tra individui.

Questa «attitudine» del network ha una sua ragione probabilmente strutturale (Internet, giova sempre ripeterlo, funziona come una comunità di pratiche), ma è stata anche aiutata da quello che potremmo definire un «imprinting» iniziale. Mutuando l'uso del termine più dalle scienze sociali che dalla genetica, potremmo dire che i comportamenti dei primi utenti hanno influenzato e condizionato quelli dei nuovi arrivati in Rete. Inoltre l'accettazione e il mantenimento nel tempo di valori in qualche modo comuni possono essere stati favoriti dalla transnazionalità della Rete, che percorreva come un territorio neutro lo specifico di molte culture nazionali. Molti autori sostengono infatti che i primi utenti fossero più cosmopoliti e che avessero un grado maggiore di orientamento alle relazioni sociali, oltre che una maggiore connessione con i centri scientifici e di informazione. Altri analisti, come Carleen Maitland dell'Università del Michigan, studiando la diffusione delle tecnologie hanno rilevato che i gruppi culturali meno etnocentrici (quindi più aperti al nuovo, alla relazione e al rapporto con altre culture) sono di solito i primi ad adottare i network, influenzando gli utenti successivi[31].

Nei primi anni di vita di Internet, anche quando era già uscita dai circoli ludici che nei grandi centri di calcolo ne avevano creato la logica[32], i valori che circolavano erano in parte quelli di derivazione dell'etica hacker, in parte quelli di una certa *infoélite*, colta, benestante e protesa verso il cambiamento, la sperimentazione, l'innovazione e la collaborazione.

L'etica hacker[33] come la concepiamo oggi nasce in istituzioni prestigiose come il MIT (Massachusetts Institute of Technology) o l'Università di Stanford. Stephen Levy[34], nel 1984, ne ha codificato i principi fondamentali, che prevedevano il libero accesso al sapere e al computer che, essendo utile per comprendere il mondo e per riconoscerlo consapevolmente, è un diritto irrinunciabile. Inoltre nella logica hacker la collaborazione deve essere stimolata, le informazioni devono essere gratuite e va favorita la decentrazione del potere.

In alcuni casi la relazione con l'etica hacker è diretta e consequenziale. Richard Stallmann, ideatore del concetto di «software libero» e di «copyleft»[35], si definisce un

[31] C. Maitland, *Global diffusion on interactive networks: the impact of culture*, in «A.I. and Society», 13, 1999. Il saggio è disponibile online alla pagina http://www.it.murdoch.edu.au/~sudweeks/catac98/pdf/24_maitland.pdf

[32] Anche se i primi vagiti delle reti informatiche sono avvenuti in centri di ricerca militari ed accademici, spesso l'innovazione veniva introdotta con spirito goliardico o, come vedremo, seguendo logiche di condivisione che rispecchiavano il clima culturale di cui i programmatori erano protagonisti.

[33] Il concetto di hacker è oggi spesso male interpretato e fatto coincidere con quello di *cracker*, che invece designa chi utilizza le proprie abilità per arrecare danni e per compiere attività criminose e fraudolente.

[34] S. Levy, *Hackers. Gli eroi della rivoluzione informatica*, Shake, Milano 2002.

[35] Il copyleft (gioco di parole con copyright) è una filosofia di di-

hacker. Eric Raymond, mente e anima dell'«open source», appartiene alla stessa cultura. Linus Torvalds, l'inventore di Linux (il più famoso sistema operativo «libero»), Steve Wozniak (cofondatore di Apple, la società che produce i Macintosh e gli Ipod) e persino Bill Gates sono stati hacker. Ma, ancora oggi, molte delle spinte nuove arrivano da quel modo di intendere il mondo: il «wiki», ovvero il sistema per cui ciascuno può editare il testo scritto da altri, è nato dalla genialità di un altro hacker, Ward Cunningham.

Ciascuno dei principi dell'etica hacker ha disegnato i comportamenti in Rete. I primi utenti «non sviluppatori» li hanno fatti propri, interpretandoli personalmente, moderandoli da un punto di vista a volte meno radicale, ma comunque utilizzandoli come comportamento, che veniva trasmesso per contatto a tutti i *newcomers*. In quegli anni si sono costruite le fondamenta di una identificazione tra il network e la cultura digitale. Già verso la fine del secolo scorso, quando si parlava di «Rete commerciale» e la popolazione era cresciuta in maniera drastica, alcune norme sociali esistevano nel network e non fuori. Si accettavano chiamate da sconosciuti su Pow Wow[36], ma era ritenuto scandaloso che qualcuno ci chiamasse al telefono senza conoscerci. Si sguinzagliavano per le biblioteche gli studenti di una classe per cercare una vecchia edizione di un libro, si fotocopiava il libro e si spediva a una persona che aveva chiesto informazioni in una mailing list[37], ma una simile richiesta da parte di un collega sarebbe sembrata invasiva.

Come sanno bene gli studiosi di Teoria delle reti, esiste un punto critico, un momento di crescita che può mettere in crisi un network o cominciare a farlo funzionare in ma-

stribuzione di software (ma anche di altre produzioni intellettuali) che consente l'utilizzo, la modifica e la ridistribuzione, tutelandone i diritti solo in caso di utilizzo commerciale.

[36] Pow Wow, un software di comunicazione personale ideato da Tribal, oggi non esiste più.

[37] Ero io il destinatario. Alla professoressa vanno ancora i miei ringraziamenti.

niera diretta. Il passaggio dalla relativamente ristretta élite dei primi anni Novanta all'Internet commerciale e di massa è stato per molte reti e per molte applicazioni locali uno scarto traumatico. Usenet, per prima, è stata soffocata e quasi uccisa dallo spam e dai messaggi fuori tema, che ne hanno pregiudicato l'usabilità.

Internet è soprattutto relazioni tra persone. E molta più gente connessa ha significato da un lato maggiori tensioni sociali, dall'altro un banco di prova molto importante per i valori che si trasmettevano tra gli individui. Con la moltiplicazione delle connessioni, nei network è entrato uno specchio fedele della società, inclusi i delinquenti, i perversi e i satanici. Le reti sono infestate dalla peggior specie di «idioti digitali», che trovano piacere nel non rispettare le regole e nel sabotare ciò che funziona e che potrebbe funzionare meglio. In fondo Internet è uno strumento potente anche per loro.

Ma, nonostante questo, ancora oggi possiamo dire che dei valori iniziali è rimasto molto e che questo molto è stato esteso a un miliardo di persone. Abbiamo Wikipedia, una enciclopedia universale in diverse lingue che cresce grazie al contributo collettivo più di quanto decresca per colpa degli atti vandalici[38]. Abbiamo la possibilità di scaricare software per qualsiasi attività senza pagarlo e senza per questo violare le leggi. Abbiamo accesso gratuito ad una serie quasi infinita di servizi. E anche le dinamiche interpersonali, sui grandi numeri, non hanno perso il loro smalto.

[38] Alcuni critici hanno parlato di «legge del wiki», secondo cui la qualità decresce in maniera proporzionale all'aumento delle persone che contribuiscono all'editing dei contenuti. Come nota, tra gli altri, Scott Rosemberg (editor di Salon.com), questa affermazione va contro l'osservazione empirica che sottolinea l'aumento di qualità di Wikipedia negli anni: «La qualità delle voci aumenta nel tempo. Certo è possibile trovare un aggiornamento che diminuisca la qualità di una voce, ma ci sono sempre forti probabilità che gli interventi successivi la migliorino». Cfr. R. Mayfield, *Long-armed law of the wiki*, in http://ross.typepad.com/blog/2005/10/longarmed_law_o.html

Il mio indirizzo email è pubblico, sul mio weblog. È una cosa che oggi per me ha un costo: il volume di messaggi indesiderati che ricevo è enorme e buona parte ha la credibilità dei famosi principi nigeriani che hanno bisogno del mio conto corrente per poggiarci un milione di dollari. Come tutti, sono perseguitato da individui che mi propongono ogni tipo di psicofarmaco o da tentativi spesso ingenui di estorcermi il numero di carta di credito. Eppure non ho mai pensato di cambiare email o di nascondere il mio indirizzo. Chiunque voglia chiedermi qualcosa, può farlo molto facilmente. E straordinariamente (rispetto ai canoni tradizionali) rispondo a tutti e cerco di aiutare tutti. Anche questa cosa per me ha un costo in termini di tempo e di energie, ma non è un comportamento in discussione: a me per primo capita di dover contattare altri per un problema, un consiglio, una consulenza rapida. Non seguire queste regole è considerato antisociale, un gesto di presunzione e isolamento, che sul breve periodo offre vantaggi ma sul medio o sul lungo non paga.

Anche se alcuni individui (una relativa minoranza) non si rendono rintracciabili via Web, essere contattabili in un network che funziona sulle relazioni è uno standard. L'osservazione empirica, infatti, dimostra che di solito anche i riottosi, coi loro tempi, finiscono per adeguarsi. Nei network l'abitudine al contatto immediato è talmente forte che, per offerte di lavoro o di consulenza, spesso se non troviamo in pochi secondi il modo di contattare una persona ci rivolgiamo ad un'altra. E ancora, se scriviamo ad un'azienda e non abbiamo risposta entro poche ore, ci sembra maleducazione. O, peggio, ci convinciamo che l'azienda non è affidabile e ne scegliamo una diversa.

Ma anche su altri fronti, a distanza di anni, i principi iniziali hanno stravinto. Nei primi anni Novanta la concezione dell'informazione libera sembrava quasi rivoluzionaria; nel 2005 è uno standard. All'epoca moltissime banche dati erano a pagamento, lo stesso accesso a Internet costava ben oltre un milione di lire l'anno. Oggi, dopo lo scontro tra forze diverse, dopo i tentativi commerciali di chiudere in abbonamento anche l'informazione dei quotidiani online, abbiamo accesso a tutto ciò che ci serve, gratuitamente. Se è stato lecito provarci, è ormai palese che il network ha imposto le sue regole. E non è stato un conflitto (tantomeno ideologico), quanto piuttosto il risultato di una relazione, cui il sistema precedente si è adeguato e si sta ancora adeguando, cercando altrove i margini di valore. Se mettiamo dell'inchiostro in un bicchiere d'acqua, non abbiamo più acqua e inchiostro: abbiamo acqua colorata, una cosa «cambiata».

Questa considerazione può essere fatta da diversi punti di vista. Il primo è funzionale, persino strutturale: il network vive attraverso le informazioni, se ne nutre e le produce o le riproduce. Se chiudiamo l'accesso alle nostre informazioni sul «nostro canale», qualcuno le renderà disponibili su un altro. In quest'ottica la «normalità sociale» di scambiarsi musica, che pure è un problema complesso sul fronte giuridico ed economico, sarà sempre avvantaggiata rispetto ai tentativi di chiusura delle major.

Ma, soprattutto, merita una riflessione il concetto che definivo «normalità sociale». Per centinaia di milioni di persone (che aumentano ogni giorno) determinati comportamenti non solo sono possibili e praticati: rappresentano una conquista, un progresso, un miglioramento nella qualità della vita personale e collettiva. Anche se fosse tecnicamente possibile, è improbabile, se non folle, pensare di poter tornare indietro. Sarebbe come se, abituati all'automobile, ce la togliessero improvvisamente predicando la legalità del cavallo. Qualcuno riesce ad immaginare le reazioni?

Reciprocità elettronica

Le regole non codificate ma trasmesse osservando i vicini spiegano solo in parte l'attitudine collaborativa dei network. In un bell'articolo apparso su Wired, intitolato non a caso *We are the web*, Kevin Kelly (che tra l'altro finisce per sostenere la visione di Wright e Kurzweil) confronta le aspettative del 1995 con la realtà del 2005:

> Sbagliavamo di grosso non comprendendo quanta parte di questo mondo nuovo sarebbe stata fatta non da interessi di impresa ma dagli utenti. [...] Nessuno dieci anni fa poteva immaginare questo capovolgimento dal basso verso l'alto.
>
> Nessun altro fenomeno ha confuso le idee come i blog. Tutto ciò che gli esperti dei media sapevano dell'audience – e ne sapevano molto – confermava la convinzione generale che l'audience non si sarebbe mai svegliata e non avrebbe mai cominciato a creare il proprio intrattenimento. [...] I blog e altri media partecipativi non ce l'avrebbero mai fatta o, se anche ce l'avessero fatta, non avrebbero attratto pubblico; e se anche avessero attratto un pubblico, non sarebbe stato importante. Che shock è stato assistere alla rapida ascesa di 50 milioni di blog, con la creazione di uno nuovo ogni due secondi. Quindi uno nuovo proprio in questo momento. Una persona in più che fa cose che AOL e la ABC – come tutti gli altri – credevano che soltanto AOL e la ABC avrebbero fatto per sempre. Questi canali creati dagli utenti non hanno molta rilevanza economica. Da dove provengono il tempo, l'energia e le risorse?[39]

La risposta che, retoricamente, Kelly si restituisce è centrata su un'espressione molto in voga di questi tempi: «partecipare all'economia del dono», un background in cui ciascuno di noi trova strumenti, testi, musica, video e servizi, tutti gratuiti. «L'economia del dono – dice Kelly – è alimentata e si alimenta in una costante varietà di scelte. Stimola il piacere della reciprocità. Permette facilmente la modifica e il riutilizzo e questo promuove i consumatori al ruolo di produttori»[40].

[39] K. Kelly, *We are the web*, in «Wired Magazine», 13 agosto 2005. L'articolo è disponibile online all'indirizzo http://www.wired.com/wired/archive/13.08/tech.html?pg=4&topic=tech&topic_set=

[40] *Ibid.*

Il «piacere della reciprocità», come lo definisce Kelly, è una delle più forti motivazioni umane (e del regno animale, aggiungerebbe un biologo). Le mie gatte si lavano reciprocamente in continuazione, praticando quelle che vengono definite cure parentali. Questo comportamento, secondo la biologia evoluzionista, è stimolato dalla necessità di salvaguardare il patrimonio genetico, che i membri della famiglia condividono in numero maggiore con l'individuo[41].

La reciprocità, associata alla parola «piacere», quindi «ricompensa», assume una complessità culturale tipica delle relazioni umane e mi ricorda un'intuizione bellissima di Daniel Pennac che, nel suo sognante elogio della lettura, ad un certo punto fa due conti:

> Se dovessimo tener conto delle letture importanti che dobbiamo alla Scuola, ai Critici, a tutte le forme di pubblicità, e viceversa, di quelle che dobbiamo all'amico, all'amante, al compagno di scuola, vuoi anche alla famiglia – quando non mette i libri nello scaffale dell'educazione – il risultato sarebbe chiaro: quel che abbiamo letto di più bello lo dobbiamo quasi sempre ad una persona cara. Ed è ad una persona cara che subito ne parleremo. Forse perché la peculiarità del sentimento, come del desiderio di leggere, è il fatto di *preferire*. Amare vuol dire, in ultima analisi, far dono delle nostre preferenze a coloro che preferiamo. E queste preferenze condivise popolano l'invisibile cittadella delle nostre libertà[42].

I network abbassano in maniera esponenziale i costi di relazione e favoriscono da un lato l'ampliamento della «cittadella», dall'altro la condivisione delle risorse, che viene praticata da più persone e in un numero sempre

[41] Esiste persino una formula, denominata «regola di Hamilton», dal nome del biologo che ha sostenuto che l'evoluzione non è finalizzata alla riproduzione dell'individuo, ma del gene. Secondo questa formula, il beneficio che si riceve dalla salvaguardia del patrimonio genetico familiare è superiore al costo che l'individuo sostiene.

[42] D. Pennac, *Come un romanzo*, Feltrinelli, Milano 1993, p. 70.

maggiore di direzioni. Ma, al di là del valore emozionale e delle sue sfumature culturali, la reciprocità ha anche un'altra faccia di cui dobbiamo tenere conto.

La logica del dono

Kelly parlava anche di economia del dono. Si tratta di un concetto (spesso una «visione») che nasce da alcune osservazioni antropologiche e che ha prodotto molta letteratura nelle scienze sociali. Nelle sue formulazioni estreme è a volte interpretato volgarmente come una parabola idealista e new age. Tuttavia si tratta di un insieme di dinamiche (io per primo trovo pomposa la definizione «economia» per una serie di processi in genere locali) che si registrano non solo tra piccole popolazioni di interesse etnografico, ma anche in alcuni ambienti della nostra società.

La differenza fondamentale tra una «economia di scambio» come quella cui tutti siamo abituati e un'economia del dono è che la prima è il risultato di un adattamento alla scarsità, la seconda la conseguenza di un adattamento all'abbondanza.

Eric S. Raymond, in *Colonizzare la noosfera*[43], analizza questi processi all'interno della comunità open source, partendo dal presupposto (tutt'altro che romantico e idealista) che gli esseri umani abbiano un predisposizione innata alla competizione, per migliorare il proprio *status* sociale. In un modello tradizionale, in cui i gruppi sociali si organizzano per reagire alla scarsità di risorse, si creano delle gerarchie di comando («I governi, l'apparato militare e il crimine organizzato, per fare degli esempi») e la spinta competitiva porta l'individuo a cercare di risalire la gerarchia. In fondo, anche nelle società meno sviluppate della nostra storia agli

[43] E.S. Raymond, *Colonizzare la noosfera*, Apogeo Open Press, disponibile all'indirizzo http://www.apogeonline.com/openpress/doc/homesteading.html

uomini più potenti venivano riservati il cibo e gli accoppiamenti migliori (così come nella gerarchia di molte specie animali che vivono in branchi, agli individui più forti viene riservato il diritto di accoppiarsi e di mangiare per primi).

L'abbondanza, tuttavia, rende meno pregnante (se non inutile) l'importanza delle gerarchie di comando e priva di grande valore il significato dello scambio. In *Star Wars Galaxies*[44], uno di quegli «universi persistenti» che ho frequentato con la passione del netgamer, la produzione di beni e l'intera economia erano controllate dai giocatori. Un fucile non esisteva se un ingegnere non era in grado di costruirlo, una casa non poteva esserci senza il suo architetto, e così via. Persino i materiali da costruzione erano nascosti in natura: se nessun giocatore trovava giacimenti di acciaio, non si poteva costruire nulla che richiedesse acciaio.

Ogni server dell'universo (erano una trentina, ognuno capace di contenere società di migliaia di giocatori) aveva un suo ecosistema, con le sue risorse disponibili, le sue risorse scarse; e il suo destino scritto ogni giorno dai cittadini, dalla loro capacità di organizzarsi e produrre benessere. Su alcuni server, per il modo in cui si erano modellate le economie, i prezzi degli oggetti erano altissimi; su altri molto più bassi.

Io avevo un *Wookie* peloso e scorbutico in un mondo chiamato *Chimaera*. All'inizio, tutto era da creare, tutti lavoravamo come pazzi. L'economia di scambio era assolutamente crudele: tutto aveva un prezzo e si contrattava fino alla più piccola moneta di bronzo. Nel giro di alcuni mesi, grazie a un difetto di progettazione del mondo (il sistema non era in equilibrio e produceva più denaro di quanto ne consumasse), ma anche grazie al modo in cui le interazioni avevano regolato il mercato, i nuovi arrivati non stentavano a trovare persone che regalassero loro case, veicoli da migliaia di monete d'oro ed equipaggiamenti costosi.

[44] http://starwarsgalaxies.station.sony.com/

Quello che succedeva su *Chimaera* è esattamente quanto rileva Raymond nella comunità open source:

Al suo interno non esiste alcuna seria scarsità di «materiale di sopravvivenza» – spazio su disco, ampiezza di banda di rete, macchine potenti. Il software è liberamente condiviso. Un'abbondanza che crea situazioni dove l'unico ambito disponibile per la competizione sociale è la reputazione tra i colleghi[45].

Il prestigio, dunque, insieme al piacere, è uno dei *payoff* della reciprocità. Ma anche in questo caso sono necessarie altre considerazioni: la reputazione, infatti, è un altro elemento d'ordine nei network che si autorganizzano.

Artigiani della conoscenza

Nell'analizzare la reputazione, come spinta motivante in una situazione in cui le risorse non sono scarse, Raymond elabora un parallelo con il mondo artigiano. Che l'artigiano ne sia consapevole o meno, è la buona reputazione che gli consente di lavorare, di essere scelto, di avere un suo mercato e una vita professionale.

Su un piano più ampio, a proposito delle relazioni sul Web, David Weinberger utilizza la stessa metafora per descrivere l'autorevolezza che si esercita attraverso Internet:

la fama sulla Rete ha una natura simile all'opera dell'artigiano, che raggiunge un numero di persone di ordini di grandezza inferiore rispetto ai beni della produzione di massa, ma rende il suo autore famoso a livello locale: gli artigiani locali sono noti nella loro comunità per il loro lavoro e i loro prodotti. Sul Web la comunità naturalmente è definita dagli interessi, non su base geografica, e non esiste nessun confine naturale a limitare la crescita potenziale della cerchia entro la quale si è famosi: il falegname locale non può produrre più di un certo numero di mo-

[45] Raymond, *Colonizzare la noosfera* cit.

bili, mentre il creatore locale di un sito può teoricamente raggiungere tutti i navigatori.

[...] Se nel mondo reale l'appartenenza ad una massa ci appiattisce tutti su un minimo comune denominatore, sul Web il pubblico consiste di un'enorme massa di persone visibili soltanto nella misura in cui sono individui con qualcosa da dire[46].

Kelly, nel suo ottimismo visionario, si ritiene convinto che entro dieci anni tutta la popolazione sarà connessa e che, in media, ogni persona comporrà una canzone, girerà un film e scriverà un libro. «Quest'idea – scrive – è meno eccessiva di quanto 150 anni fa non lo fosse la convinzione che un giorno chiunque avrebbe potuto scrivere una lettera o scattare una fotografia»[47].

È sicuramente una bella prospettiva. Io non ho ancora deciso se condivido questo ottimismo, soprattutto in merito ai tempi, ma riconosco che già oggi nelle reti immateriali noi ci presentiamo agli altri come puro esercizio della conoscenza, poiché quello che noi mostriamo nel network è non solo ciò che facciamo, ma anche il modo in cui lo facciamo e in cui lo raccontiamo. In assenza di corpo, odori, sapori e altre amenità tipiche del mondo fisico, siamo rappresentati, in rete, da artefatti artigianali che, sotto forma di testo, audio e video, rispecchiano il nostro posizionamento nella realtà e il nostro approccio ad essa. Qualsiasi scelta (pubblicare una foto o un'altra, scrivere un testo sul weblog) comunicherà molto più del contenuto puro. Come tutto, nei network, anche noi non siamo più «dato» e diventiamo «metodo».

In questa prospettiva, la reputazione è il nome che diamo al modo in cui gli altri ci percepiscono e alle informazioni che hanno per relazionarsi con noi. E ha un ruolo estremamente diverso, per esempio, rispetto a quello cui

[46] D. Weinberger, *Arcipelago Web*, Sperling & Kupfer, Milano 2002, pp. 132-133.

[47] Kelly, *We are the web* cit.

ci fanno pensare la popolarità o la visibilità sociale all'interno delle categorie tradizionali. Se nella società tradizionale la «notorietà è il riflesso dell'anonimato dell'opinione pubblica»[48], un modo per emergere da un grigiore quotidiano che a volte degenera in aspirazioni da velina o nel desiderio di «essere qualcuno», nel network è un principio d'ordine funzionale all'orientamento.

Storicamente, dicevamo, siamo abituati a ricevere prodotti culturali (anche qui testi, immagini, suoni) pre-validati dal sistema, in qualche modo già filtrati. Nei network questo non accade e, come vedremo, per orientarci (per essere noi i nostri mediatori) utilizziamo il contesto. Già negli anni Settanta Umberto Eco poteva sostenere che leggere «I socialisti vogliono il divorzio» sull'«Avanti!» o sul «Popolo» significava leggere due cose diverse[49]. È un esempio classico di come, oltre al contenuto informativo, si usa il contesto per dare un valore all'informazione. Allora era facile: per quanto pluralismo ci fosse, il numero di fonti era milioni di volte più piccolo rispetto ad oggi.

Una delle obiezioni più diffuse, da parte di chi non conosce la Rete, è che sul Web non c'è controllo sull'informazione, quindi possono facilmente circolare informazioni false. È un'assunzione vera, ma la struttura stessa del network crea le condizioni perché il network possa continuare a funzionare. La reputazione non è l'unica[50], ma è una di queste condizioni: oggi, come hanno imparato bene le multinazionali, si «googla» prima di acquistare un prodotto o prima di stabilire l'affidabilità di un'informa-

[48] Weinberger, *Arcipelago Web* cit., p. 133.

[49] U. Eco, *Guida all'interpretazione del linguaggio giornalistico*, in *La stampa quotidiana in Italia*, a cura di V. Capecchi e M. Livolsi, Bompiani, Milano 1971.

[50] Un altro fattore di ordine, nel sistema, è rappresentato dalla possibilità che il lettore ha di emendare, correggere, giudicare pubblicamente l'informazione. È quanto Rheingold chiama il «principio di correzione».

zione letta su un weblog. In due parole, usiamo l'esperienza degli altri per decidere.

Anche se i network ne amplificano tremendamente la portata, questo processo non è nuovo nelle società umane. I mercanti delle società pre-industrializzate, quando arrivavano in una nuova città, facevano esattamente la stessa cosa: si informavano presso la gente del posto per capire con chi conveniva trattare o fare affari. eBay raccoglie i feedback dopo le transazioni perché siano disponibili a chi si accosta ad aste future. Le recensioni degli utenti hanno reso usabile una libreria da catalogo infinito come Amazon, perché sono state in grado di orientare altre persone. La reputazione (di un libro, di un prodotto, di un individuo) è dunque solo una delle tante maniere che la società digitale ha cominciato ad utilizzare per autorganizzarsi e collaborare di fronte alla propria complessità. È la forma di reciprocità che agisce sul controllo dell'operato dei nostri vicini.

Etica della collaborazione

Da un certo punto di vista, i network non proprietari (di cui Internet è la colonna portante) sono un bene pubblico e sono storicamente percepiti come tale. Non stupisce dunque che esista un'esigenza etica, che è poi il catalizzatore in grado di trasformare un gruppo di individui in un insieme sociale. A livello *micro* i network si compongono di un numero inidentificabile di questi cluster, che si aggregano tra loro condividendo spazi cognitivi, interessi, affinità e soprattutto valori. Questi cluster sono spesso governati da regole diverse tra loro, e abitati da individui che si muovono costantemente tra essi e ne contaminano (anche culturalmente e creativamente) lo spazio cognitivo, creando quella che definivamo «palestra per le idee»[51], in cui si importano in ambienti diversi soluzioni e linguaggi.

[51] G. Granieri, *Blog Generation*, Laterza, Roma-Bari 2005, p. 65.

A livello *macro*, invece, è possibile tentare una descrizione, trattare l'etica «come una proprietà emergente dall'interazione tra componenti di sistemi sociali, come parametro d'ordine capace di trasformare un insieme sociale e mantenerlo tale»[52].

Perché un certo numero di individui si impegni spontaneamente ad alimentare un processo (a «farne parte») è intuitivo che debba esservi alla base una condivisione di valori considerati positivi e su cui esiste consenso. Anche in questo caso, possiamo pensare alla donazione del sangue come a un esempio pratico nelle società tradizionali. Grazie a questo esempio, può essere immediatamente comprensibile l'aggregazione su un progetto importante come Wikipedia, privo di fini di lucro, o l'associazione di milioni di computer volontari in una rete *peer to peer* per garantire potenza di calcolo a un programma di ricerca dell'intelligenza extraterrestre come seti@home[53]. Si tratta di iniziative molto simili al volontariato e quindi riconoscibili. Ma nel caso di una grande impresa commerciale come eBay o Amazon, cosa può unire nella produzione di contenuti l'azione di milioni di utenti di sesso, natura, estrazione sociale e culturale estremamente diversi?

Facciamo un passo indietro e torniamo a *Nonzero*. L'ottimismo vagamente mistico di Robert Wright (credo che abbia passato metà del suo tempo a giustificare il cosmico sottotitolo del libro: *The Logic of Human Destiny*) era fondamentalmente motivato da una considerazione, assolutamente già nota al mondo scientifico. Nell'Intro-

[52] Minati, *Esseri collettivi* cit., p. 151.

[53] seti@home è un progetto per utilizzare i processori degli individui, quando non usati dagli utenti, per creare un potentissimo processore distribuito e destinato alla ricerca di intelligenza nello spazio. Per aderire basta scaricare un software che automaticamente rileva quando il processore non è utilizzato e lo adopera per elaborare i dati del progetto. A seti@home hanno aderito centinaia di migliaia di persone, portando gratuitamente la potenza di calcolo a livelli superiori a quelli raggiunti dai più potenti (e costosissimi) superprocessori.

duzione, che per non smentirsi sui toni visionari contiene un paragrafo intitolato *The secret of life*, Wright spiega la sua certezza:

> [...] io non posso rivendicare di aver scoperto il segreto di cui sto blaterando. È stato scoperto – o, se preferite, inventato – circa mezzo secolo fa dai fondatori della Teoria dei giochi, John von Neumann e Oskar Morgenstern.
>
> Questi due signori costruirono una distinzione di base tra i giochi a somma zero e i giochi a somma non zero. Nei primi, la fortuna dei giocatori è inversamente collegata. Nel tennis, negli scacchi, nella boxe, uno dei due contendenti vince e l'altro perde. Nei giochi a somma non zero, invece, il fatto che uno vinca non è necessariamente una cattiva notizia per gli altri. Di conseguenza, nei giochi davvero a somma non zero l'interesse dei partecipanti si sovrappone completamente. Nel 1970, quando i tre astronauti dell'Apollo 13 stavano cercando di capire come riportare a terra la loro astronave, stavano giocando a un gioco a somma non zero. Il risultato poteva essere ugualmente buono o ugualmente cattivo per tutti (fu ugualmente buono).

Secondo Wright, sebbene la situazione non sia sempre così netta come per gli astronauti dell'Apollo 13, le interazioni umane (tra mercante e cliente, tra due politici, ecc.) sono a somma non zero e il risultato (tutti che vincono o tutti che perdono) dipende dal modo in cui si gioca. Ma Wright si spinge ad affermare che l'evoluzione della società umana è dipesa dai momenti in cui si è realizzata la soluzione nota come win-win, in cui tutti hanno guadagnato. E la sua fiducia nel futuro dipende dalla convinzione che tale «segreto della vita» possa essere applicato in maniera più sistematica. I network, laddove il consenso li fa funzionare, lo applicano.

La Teoria dei giochi è, di fatto, una scienza matematica che analizza situazioni di interazione e definisce i modelli che portano a soluzioni cooperative o competitive. È una teoria ben nota ed utilizzata in economia, ma applicata moltissimo anche in Rete. Il modello di eBay, ad esempio, ne è ispirato in maniera sostanziale usando il feedback per circoscrivere le possibilità di comportamento di ogni *player* (compratore o venditore) in base a ipotesi determinate, per cui un comportamento scorretto crea un vantaggio a breve ma una perdita sul medio/lungo periodo[54]. E dato il volume di scambi in costante aumento, con una percentuale di frodi molto inferiore all'uno per cento, possiamo dire che funziona molto bene.

In particolare i giochi win-win, che grazie ad una infrastruttura come quella dei network digitali diventano potentissimi, sono il «valore condiviso» su cui si costruisce l'etica di Rete, su diversi piani. Il primo, il terreno solido su cui tutto poggia, è «la conoscenza», che per definizione è un gioco a somma non zero. C'è un famoso «pensiero semplice» che spiega questa asserzione in maniera intuitiva: «se io do una moneta a te e tu ne dai una a me, abbiamo entrambi una moneta. Se io do un'idea a te e tu ne dai una a me, andiamo via con due idee a testa». Per dire la stessa cosa Rheingold, in maniera più espressiva, utilizza un aforisma di Cory Doctorow: «un pascolo dove la pecora evacua erba»[55]. Un sistema in cui ciascuno fornisce le risorse che consuma.

Tutto ciò che è digitale è replicabile senza un aumento dei costi di produzione, e si può distribuire a costo zero: dalla musica ai video, ai testi, allo stesso codice delle applicazioni. Anche se spesso tali pratiche vanno in conflitto con le legislazioni locali a tutela dei diritti d'autore, sono un perfetto esempio dei giochi a valore condiviso.

Ma la Rete di oggi si è disegnata su questi processi: dall'open source, che consente a chiunque lo voglia di modi-

[54] Nel mio *Blog Generation* ho analizzato in maniera più dettagliata l'impostazione di eBay. Per approfondire, si veda C. Dellarocas, *The Digitization of Word-of-Mouth: Promise and Challenges of Online Feedback Mechanisms*, in http://ebusiness.mit.edu/research/papers/173_Dellarocas_Word_of_Mouth.pdf

[55] H. Rheingold, *Smart mobs*, Cortina, Milano 2003, p. 135.

ficare e personalizzare («sviluppare») un software, alla diffusione dei weblog, che spostano sull'attenzione (bene tradizionalmente scarso nei media e nella comunicazione) il principio della condivisione della quantità di risorse che ciascuno consuma.

Valore di rete

Naturalmente non sono tutte «rose e fiori». La storia dei network digitali è piena di tentativi falliti di generare collaborazione e di utilizzarla, o anche di generare valore di gruppo. Al secondo caso appartiene, per esempio, l'avventura di Picus, una società italiana che nel 2001 pensò di utilizzare la logica *peer to peer* per far telefonare le persone attraverso Internet. Oggi sappiamo che l'intuizione poteva essere vincente: stiamo assistendo al riposizionamento di tutti i principali operatori della telefonia verso questo tipo di servizio, chiamato Voip (Voice over Internet Protocol).

Picus offriva telefonate gratis in cambio di pubblicità che gli utenti ricevevano sul computer. Apparentemente sembra un modello in grado di generare un gioco a somma non zero e quindi valore di gruppo, eppure Picus chiuse i battenti nel giro di pochi mesi. L'enunciato teorico funzionava: c'era un vantaggio per gli utenti, un vantaggio per chi erogava il servizio e un vantaggio per gli inserzionisti. Ma la qualità del servizio (sebbene gratuito) non è stata considerata interessante da un numero abbastanza grande di individui e non si è creato sufficiente «valore di rete». Ovvero, in soldoni, il numero di persone che usavano il servizio non è stato considerato rilevante da chi doveva comprare spazi pubblicitari.

Il valore di rete si può spiegare facilmente: se sono solo io ad avere un sotfware per condividere documenti, quel software non ha valore. Se lo utilizzano dieci altre persone, il suo valore aumenta, e continua ad aumentare se aumentano i nodi. È la cosiddetta «legge di Metcalfe», secondo cui il numero dei potenziali collegamenti tra i nodi aumenta più velocemente del numero di nodi.

Come ha spiegato bene Luca De Biase, sono state individuate delle «leggi matematiche» su questi argomenti, e queste leggi hanno alimentato quella che lui chiama la «retorica esponenziale»[56], su cui sono state costruite le fallaci ideologie della new economy. Ma la «legge di Reed» spiega benissimo alcune dinamiche interne ai network digitali, ad esempio perché l'email prima e i social network oggi siano le applicazioni di maggior valore. Per usare le parole di Howard Rheingold:

> La legge di Reed è il collegamento tra le reti di computer e le reti sociali. Reed, utilizzando la propria legge per analizzare il valore dei diversi tipi di rete, pensa di aver individuato un importante cambiamento culturale ed economico. Quando una rete ha lo scopo di diffondere, come nel caso di una rete televisiva, il valore dei servizi è lineare. Se la rete consente transazioni tra nodi individuali, il valore aumenta al quadrato. Quando la stessa rete include la possibilità che gli individui formino gruppi, il valore diventa invece esponenziale[57].

Rheingold, il cui metodo di ricerca consiste quasi principalmente nell'andare a trovare le persone e si integra con racconti sull'arredamento e accenni al cibo consumato, naturalmente ha fatto visita a Reed. Davanti a una zuppa di aragosta ha chiesto al professore del MIT alcune informazioni di prima mano. Reed parla di GFN (Group Forming Network):

> Ciò che è importante in una rete cambia quando si modifica la scala della rete. Quando essa è caratterizzata da una crescita di tipo lineare, «il contenuto è re». In tali reti vi è un piccolo numero di fonti (editori o redattori) da cui gli utenti selezionano i

[56] L. De Biase, e*deologia. Critica del fondamentalismo digitale*, Laterza, Roma-Bari 2003, p. 34.
[57] Rheingold, *Smart mobs* cit., p. 107.

contenuti. Le fonti sono in competizione nei confronti degli utenti secondo il valore dei contenuti (storie pubblicate, immagini, merci ormai standardizzate per i consumatori). Quando domina la «legge di Metcalfe», le transazioni diventano il punto centrale. Ciò che viene scambiato (siano email o messaggi vocali, denaro, azioni, servizi o qualsiasi cosa) è l'elemento principale. E quando domina la legge dei GFN il ruolo centrale è svolto da valori costruiti di comune accordo[58].

Il valore di rete, dunque, aumenta in maniera esponenziale quando una rete è capace di creare gruppi con interessi comuni, che condividono idee, interessi, obiettivi e che abbiano un senso di appartenenza. In due parole, «capitale sociale».

A un livello che potremmo definire «locale» – quello dei gruppi, dei cluster, delle singole applicazioni –, il valore viene creato come conseguenza naturale dell'uso che ciascuno fa dello strumento. E, permettendo l'interazione e la comunicazione, disegnando il modo in cui esse avvengono, le applicazioni stesse diventano sociali.

Applicazioni sociali e capitale sociale

Da qualche anno si parla di «social software», alludendo spesso a una definizione in qualche modo circoscritta cui appartengono le prime applicazioni appositamente progettate per favorire la costruzione di relazioni. Assecondando questa definizione «stretta», Ross Mayfield (il fondatore di Socialtext[59]) ha tentato di formulare una classificazione[60] che suddivideva le diverse tipologie di sistemi in base al tipo di relazione che erano capaci di costruire. Secondo Mayfield i network possono essere definiti «esplici-

[58] *Ibid.*
[59] http://www.socialtext.com/
[60] R. Mayfield, *Social Networking Models*, in http://radio.weblogs.com/0114726/2003/03/30.html#a376

ti», se aggregano interessi dichiarati dagli stessi membri, come ad esempio Ryze[61], o «fisici», se (come MeetUp[62]) favoriscono incontri nel mondo reale. Ci sono poi i «network privati» come Friendster[63] (che serve a conoscere gli amici degli amici) o come LinkedIn[64], che applica il principio di Friendster alla ricerca di lavoro e che, come mi ha detto una volta un amico[65], «funziona benissimo se sei americano e lavori nell'*information technology*». A questi modelli vanno sommati i network «conversazionali» (i weblog) e quelli «virtuali» (ad esempio gli universi persistenti di cui parlavamo).

Questa classificazione, sebbene resti interessante a livello di applicazioni vocate al *social networking*, è oggi superata dalla realtà. Da un lato le tipologie sono aumentate: si pensi ai cosiddetti Mo.So.So. (Mobile Social Software), che interagiscono con le reti della telefonia cellulare. Dall'altro l'intera Rete, popolata da milioni di persone che si configurano come nodi stabili (attraverso i weblog) o come nodi temporanei (utilizzando i servizi o le reti *peer to peer*[66]), ha reso sociale praticamente tutto ciò che oggi funziona nei network. Semplicemente, il network conversazionale ha finito per inglobare ed utilizzare tutti gli strumenti messi a disposizione da altre applicazioni.

Un rapporto della Work Foundation intitolato *You don't know me but... - Social Capital & Social Software* definisce come «applicazione sociale» tutto ciò che, in luogo di favorire solo una crescita nella programmazione o nella

[61] http://www.ryze.com/

[62] http://www.meetup.com

[63] http://www.friendster.com

[64] http://www.linkedin.com

[65] http://www.brodoprimordiale.net

[66] Secondo Cory Doctorow ogni computer domestico collegato temporaneamente ad una rete *peer to peer* «è una zona quantistica incerta, pronta a scomparire appena il proprietario spegne il suo portatile e lo rinchiude in una valigetta» (C. Doctorow, *The Gnomes of San José*, citato in Rheingold, *Smart mobs* cit., p. 113).

scienza, facilita pratiche sociali che hanno effetto sia nella vita online sia in quella offline. Mentre il capitale sociale

> [...] è ciò che fa riferimento al valore dei *social network*. Descriviamo qualcosa come «capitale» semplicemente per sottolineare che è una risorsa in cui investiamo tempo e denaro e dalla quale abbiamo una ricompensa. I network sociali distribuiscono un certo tipo di beni: fanno circolare efficacemente le informazioni e facilitano il supporto collaborativo, producendo un ritorno economico e sociale. Le norme ed i livelli di fiducia che stimolano i comportamenti collaborativi portano in dote beni pubblici, bassa criminalità, vitalità economica, livelli di salute più alta, migliori standard ambientali e maggiore felicità[67].

William Davies, autore del rapporto, già nel 2003 non nega che ci siano ancora molti aspetti da considerare e alcuni problemi da superare (ad esempio rendere «conoscenza esplicita» e riutilizzabile il massiccio volume di scambi in Rete), ma osserva che grazie a queste applicazioni si sta integrando sempre di più Internet nella vita di ogni giorno e la vita di ogni giorno all'interno della Rete. È la società che diventa tecnologica, mentre la tecnologia diventa sociale.

Per usare le parole dell'autore, «i social software, più di ogni altra cosa, sono una dichiarazione di intenti, un'espressione culturale e persino politica di come Internet può migliorare le nostre vite»[68].

Architettura della collaborazione

Creare capitale sociale, o valore di gruppo, naturalmente non è facile. Non basta farlo attraverso una dichiarazione

[67] The Work Foundation - iSociety, *You don't know me but... - Social Capital & Social Software*, in http://www.theworkfoundation.com/research/isociety/social_capital_main.jsp

[68] *Ibid.*

di principio e uno strumento semplice, come ha provato a fare il «Los Angeles Times»[69] inventando i «wikitorial». L'idea suscita immediatamente entusiasmi: si tratta di pubblicare online alcuni editoriali del quotidiano, su una pagina wiki. Per le caratteristiche stesse del sistema wiki, quindi, i lettori possono editarli e farne un prodotto di «intelligenza collettiva» che sarebbe piaciuto a Pierre Lévy[70]. È un progetto di rottura, che indica ai media tradizionali, e in particolare ai grandi colossi dell'informazione, la strada da seguire. Come i blog hanno dimostrato, una massa critica di lettori può aggiungere una nuova dimensione all'informazione, sotto forma di analisi, expertise e confronto di punti di vista.

L'esperimento, però, dura solo una manciata di ore. Improvvisamente appare una pagina[71] che con un certo *understatement* avverte: «Dove sono i wikitorial? Sfortunatamente abbiamo dovuto rimuoverli, almeno temporaneamente, perché un gruppo di pochi utenti ha cominciato a inondarli con materiale inappropriato».

Internet non è il paradiso, si intitola l'edizione italiana di un libro di Geert Lovink[72], che si conclude con un augurio programmatico:

> La società civile globale, se è mai esistita, deve alzarsi e reclamare la Rete. I *case studies* presentati qui [...] indicano una crescita del livello di tensione e dei conflitti, accompagnato dagli sforzi per sviluppare nuove architetture di comunicazione. Il disagio di una cultura critica di Internet nasce da una mancanza diffusa di familiarità con la politica dei nuovi media. E le strutture di potere economiche. Una via d'uscita a questo malessere

[69] http://www.latimes.com/

[70] P. Lévy, *L'intelligenza collettiva*, Feltrinelli, Milano 1996.

[71] La pagina non è più online, ma le frasi che cito sono state ripubblicate da molti blog, quindi ne è rimasta memoria.

[72] G. Lovink, *Internet non è il paradiso. Reti sociali e critica della cibercultura*, Apogeo, Milano 2004. Il titolo originale è *My first recession*.

potrebbe essere data dalla produzione, distribuzione e promozione di software che riconosca gli antagonismi della società entro cui Internet si trova ad operare[73].

Il caso dei wikitorial del «Los Angeles Times» è un perfetto esempio del «dilemma del bene pubblico», un altro di quei temi su cui si esercitano i filosofi da secoli e su cui si costruiscono teorie politiche ed economiche[74]. Come i pastori che utilizzano un pascolo pubblico producono un gioco a somma non zero se riescono a preservare il terreno dal detrimento, semplicemente non abusandone, così un gruppo di individui potrebbe proficuamente ragionare e migliorare collettivamente gli editoriali di un quotidiano. Il risultato può essere la «tragedia del bene comune»[75], oppure la creazione di valore di gruppo, ma la differenza fondamentale tra un pascolo e un wikitorial è che quest'ultimo può essere «progettato» per funzionare in maniera collaborativa.

Il fatto che i network stimolino particolari fenomeni di collaborazione e che si dimostrino in grado di autorganizzarsi non è una utopia cui credere «di per sé». Non cambia la natura umana, non annulla le differenze e non riduce i conflitti: anzi. Su un piano generale, i network premiano i comportamenti collaborativi perché un sistema aperto (modificabile da tutti) semplicemente seleziona le applicazioni che soddisfano un numero sufficiente di persone, che utilizzandole apportano consenso e, attraverso la partecipazione, nuova creatività, nuovo sviluppo e nuovo valore. Ma in una prospettiva «locale», all'interno di un ambiente (o di una possibilità, come nel caso dei wikito-

[73] Ivi, p. 322.

[74] Per un rapido riepilogo sul dibattito relativo alla gestione del bene pubblico, aggiornato alle importanti ricerche degli ultimi anni, si veda G. Bravo, *Dai pascoli a Internet. La teoria delle risorse comuni*, in «Stato e Mercato», n. 63, dicembre 2001, pp. 487-512.

[75] G. Hardin, *The Tragedy of the Commons*, in J. Baden, G. Hardin, *Managing the Commons*, Freeman & C., New York 1977.

rial), non può bastare banalmente mettere a disposizione le canne da pesca. Bisogna insegnare a pescare e, soprattutto, stabilire le regole. Da questo punto di vista, i wikitorial erano un bella idea, ma non sono stati affatto disegnati per funzionare.

Un altro esempio fallimentare potrebbe essere quello di Gnutella[76]. Il primo software per scambiare musica in una rete *peer to peer*, Napster, aveva aperto la strada all'abitudine sociale[77] di condividere musica gratuitamente, ma era stato progettato per avere un centro (un server) con le intenzioni di produrre reddito. Paradossalmente l'esistenza del «centro» è stato il suo punto debole perché ha fornito sufficienti ragioni giuridiche per arrivare in tribunale. Dopo molte controversie, Napster si è trasformato in un servizio legale e a pagamento, modificando la sua natura.

In maniera cruda si potrebbe raccontare così: esplorato il principio («oh che bello, si può scambiare tutta la musica che vogliamo»), intuiti i problemi («devono prima beccarci»), milioni di persone si sono esercitati a trovare una soluzione. Tra queste, Gnutella: un software che fa esattamente quello che faceva Napster, ma garantendo assoluta anonimità e rimanendo privo di un punto fisico incriminabile da una legislazione nazionale. La violazione del copyright rimane illegale (non il software, con cui si può anche scambiare materiale legale), tuttavia con Gnu-

[76] http://www.gnutella.com/

[77] Il problema dello scambio di materiale protetto da copyright è una delle principali ragioni di tensione tra la società digitale e alcune istituzioni tradizionali. Io non voglio qui prendere posizione in alcun modo, limitandomi a registrare dei processi e non facendo valutazioni di merito. La mia posizione è quella dell'osservatore: esiste un conflitto tra due sistemi, che produrrà negli anni un nuovo equilibrio. Faccio il tifo, naturalmente, per il «nuovo», poiché non avrebbe senso il contrario. Ma mi sforzo di capire pure le ragioni del vecchio sistema anche se, come vedremo, si tratta di ragioni che lo stesso mercato rende deboli.

tella semplicemente diventa impossibile individuare il reato. Però, progettando Gnutella, nessuno ha pensato a «stimolare la collaborazione», per cui pochissimi utenti condividono i documenti e moltissimi ne approfittano. Altri software, nati successivamente, hanno risolto il problema semplicemente dando maggiore priorità nell'accesso ai file a chi condivide più materiale. La collaborazione, in quel caso, è stata progettata.

Scienza politica fatta applicazione

Al contrario di Gnutella e dei wikitorial ci sono ambienti, in Rete, che funzionano perfettamente creando valore per il singolo, valore per il gruppo e valore per il «proprietario», delegando la creazione del valore all'intelligenza della piattaforma che gestisce le interazioni. Un caso citatissimo è quello della libreria online Amazon.com, che consiglia libri in base alle scelte degli individui e consente l'emersione di nuovi percorsi di lettura che gli utenti trovano spesso interessanti. Ma un esempio in generale più complesso, per chiarire il metodo, è quello di Launchcast[78]: una piattaforma di web radio aperta a tutti e realizzata in collaborazione con Yahoo!.

Grazie a Launchcast chiunque può crearsi gratuitamente una «radio privata» che trasmette in streaming attraverso il Web. Effettuata la registrazione, è sufficiente cominciare a scegliere la musica che si desidera trasmettere, indicando i generi preferiti, gli autori, i dischi e persino le singole canzoni (che possono essere acquistate e scaricate). Il database musicale è vicinissimo ad essere completo e registra le informazioni attraverso un sistema di rating che codifica i livelli di preferenza e permette persino l'esclusione: se non ci piace un brano (o un artista) possiamo indicare alla piattaforma di non trasmetterlo più.

[78] http://music.yahoo.com/launchcast/

Dopo le nostre prime scelte, la nostra radio incomincia a trasmettere musica selezionata utilizzando le informazioni a disposizione e durante l'ascolto possiamo «educarla» indicando il gradimento della musica che diffonde. In breve, il sistema riconosce i nostri gusti abbastanza bene e tende a migliorare di giorno in giorno.

Ma l'intelligenza «sociale» di Launchcast non utilizza solo le informazioni del singolo: propone e sceglie anche in funzione di individui che incrociano gusti e interessi. Quindi trasmette brani popolari tra gli amanti di un genere musicale che abbiamo selezionato, canzoni di artisti che non conosciamo ma che piacciono a chi ha i nostri stessi gusti, e così via. Per gli amanti della musica diventa un'esperienza molto interessante, che tocca la ricerca e la scoperta di nuovi percorsi, la condivisione di ascolto con altre persone e l'apprendimento, la crescita personale. Io stesso ho comprato, grazie a Launchcast, musica che nella distribuzione tradizionale non avrei mai incontrato.

Sul versante della collaborazione esplicita, invece, uno dei casi di successo più noti e citati (ma anche controversi) è quello di Wikipedia. Anche in questo caso il principio è semplice: uno strumento (il wiki) che consente agli individui di editare e migliorare i testi, un obiettivo (utilizzare la competenza e l'intelligenza di milioni di persone) e un risultato visibili a tutti: un'enciclopedia collaborativa, potenzialmente sempre aggiornata.

Agli inizi del secolo scorso, Antonio Machado metteva in bocca al suo eteronomo Juan de Mairena la considerazione di quanto fosse fallace la conoscenza collettiva, dubitando che «ciò che tutti sanno» fosse davvero qualcosa che qualcuno sa. Wikipedia è in qualche modo il tentativo di codificare e rendere utilizzabile il patrimonio di conoscenza distribuita tra milioni di persone. È diversa da lingua a lingua (la comunità italiana, naturalmente, ha prodotto un numero inferiore di voci rispetto alla versione inglese), non pretende di essere esaustiva (poiché l'inserimento delle voci è volontario), produce «orientamento» non certezze, ma indubbiamente funziona bene ed è sempre più utilizzata. A differenza dei wikitorial, in cui il punto di partenza era una «differenza di *status*» tra editorialista e commentatore (in un ambiente che era quello non neutrale del sito web del quotidiano), l'enciclopedia collaborativa deve il suo successo all'identificazione con il progetto, a un chiaro intento partecipativo e alla creazione di valore di gruppo, oltre che ad una certa dose di autoironia che avvicina gli individui. I membri più attivi (i «wikipediani») utilizzano le discussioni e la possibilità di correzione come strumento di controllo, che però non offre «dichiaratamente» garanzie di sistematicità. Ci sono inoltre una serie di comitati e un gruppo di amministratori, per le dispute e i provvedimenti urgenti.

Sebbene già utilissima, Wikipedia non va considerata come un esempio maturo, quanto piuttosto come un segnale di possibilità su cui si stanno esercitando riflessioni finalmente più consapevoli. I problemi esistono e sono di diversa natura. Ad esempio, come nota Danah Boyd[79], non ci sono abbastanza voci di argomento storico, perché la maggior parte degli studiosi di storia non conosce la Rete, ma ci sono moltissimi studenti di storia che fanno ricerca su Wikipedia. In compenso è una delle fonti più aggiornate per districarsi nei lemmi della ricerca nelle discipline più veloci e tecnologiche.

Ci sono anche delle tensioni sociali «radicali», ad esempio nell'aperto conflitto tra i wikipediani (i membri della comunità) e gli studiosi, che in caso di discussione sulle voci hanno spesso la peggio[80]. Inoltre sono allo studio sempre nuove soluzioni per favorire i processi che Jimmy

[79] D. Boyd, citata in D. Terdiman, *Wikipedia faces some growing pains*, in «Wired Magazine», 10 gennaio 2005. L'articolo è disponibile online alla pagina http://www.wired.com/news/culture/0,1284,66210,00.html?tw=wn_story_related

[80] L. Sanger, *Why Wikipedia Must Jettison Its Anti-Elitism*, in http://www.kuro5hin.org/story/2004/12/30/142458/25

Wales (presidente della Fondazione Wikimedia) definisce di «creatività razionale». Ad oggi il problema più grande, come in tutti i network, potrebbe diventare la «scala». L'aumento continuo di *contributors* potrebbe richiedere forme più strutturate di governo, ma la comunità stessa sta discutendo su come autorganizzarsi.

Clay Shirky, che da dieci anni studia quelle che chiama le «costituzioni» dei gruppi (senza le quali nessun gruppo può funzionare a lungo), sa bene che vi è una certa quantità di variabili che rendono diversa ogni applicazione sociale da tutte le altre. Analizzando la costituzione di Slashdot[81] e molte altre, in un brillante saggio[82] sottolinea che ci sono alcune condizioni ricorrenti di cui tener conto nella progettazione di qualsiasi applicazione:

1. Non è possibile separare gli aspetti tecnici da quelli di relazione all'interno dei gruppi. Così come non è possibile determinare completamente quali saranno davvero i temi sociali: il gruppo finirà per affermare, prima o poi, i suoi diritti e l'applicazione ne deriverà effetti sia tecnologici sia sociali. «In questo modo il gruppo si costituisce e comincia a mostrare effetti emergenti. Un gruppo non può essere ignorato e non può essere programmato: questo si-

[81] «Il principio base di Slashdot, per esempio, è 'niente censura'. Tutti possono commentare in ogni modo ogni articolo. La Costituzione di Slashdot (sebbene non la chiamino esattamente Costituzione) usa solo tre meccanismi per gestire la tensione tra la libertà individuale di postare materiale offensivo o irrilevante e il desiderio collettivo di poter trovare i commenti interessanti». Il primo è la moderazione, la cui funzione è stabilire un rank di qualità per i post. Il secondo è una forma di meta-moderazione, che controlla il lavoro dei moderatori imponendo scelte obiettive. Il terzo, infine, è il *karma*, ovvero la reputazione dei commentatori. «Questi tre concetti politici, per leggeri che siano, permettono a Slashdot di continuare a rendere un servizio utile». Cfr. C. Shirky, *Social Software and the Politics of Groups*, in http://shirky.com/writings/group_politics.html

[82] C. Shirky, *A Group Is Its Own Worst Enemy*, in http://shirky.com/writings/group_enemy.html

gnifica che bisogna affrontare un problema, mettere all'ordine del giorno un tema in sviluppo continuo. E lo schema migliore, o in ultima analisi la soluzione che ha funzionato quasi sempre, è mettere nelle mani del gruppo stesso la responsabilità di definire quale sia il valore, e di difendere quel valore, piuttosto che provare a delegare in anticipo queste scelte, affidandole al software».

2. I membri sono diversi dagli utenti. Come in Wikipedia, ci sarà sempre un numero di individui che credono in maniera più stabile all'idea stessa del gruppo e lo difenderanno. Shirky nota anche che, se l'applicazione non consente la differenziazione, i più motivati si riconosceranno tra loro e utilizzeranno altri strumenti (mailing list, ad esempio) per aggregarsi. «In tutte le comunità online di successo che ho osservato, emerge sempre un nucleo centrale che si occupa di gestire tutto efficacemente. Cura il giardino, gli permette di svilupparsi, lo mantiene in salute».

3. I membri (il «core group», come lo chiama Shirky) hanno poteri che a volte vanno in conflitto con i diritti individuali degli utenti, perché devono poter difendere se stessi e gli interessi che hanno nell'applicazione. «È un'osservazione che va contro il punto di vista libertario molto diffuso in Rete e va assolutamente contro alla nozione 'una persona-un voto'. Ma ci sono molti esempi di come possa essere sbagliata l'idea di mettere tutto ai voti quando il diritto di cittadinanza è la semplice abilità di effettuare un *login*». Persino Wikipedia, che ha un approccio considerato «radicalmente aperto», ha uno staff di volontari con diritto, per esempio, a bandire collaboratori.

Dunque, ogni applicazione ha una sua costituzione, perché ogni gruppo finisce per averne una. Questa costituzione ha un suo aspetto formale che è nella sostanza il codice («il software funziona così») e un aspetto informale. «La parte informale è il senso del 'che facciamo qui' e non è importante quanto sia scritto nel codice o previsto in diagrammi o in qualsiasi altra cosa: ci sarà sempre una parte informale. Non potremo mai separarla da quella formale».

Media vecchi e nuovi

I network digitali abbondano di costituzioni differenti. Aprire un weblog su Splinder[83] o aprirlo su *LiveJournal*[84] o su TypePad[85] non ha lo stesso effetto sulle relazioni, anche se i weblog per definizione non sono ambienti locali ma partecipano alla Big Conversation. Gli incentivi comunitari di *LiveJournal*, i sistemi di messaggeria e commento di Splinder, le modalità di interazione all'interno della piattaforma, condizionano comportamenti e dinamiche. Le regole editoriali di Kuro5hin[86], in cui gli articoli sono messi in coda e votati dai membri prima della pubblicazione, e quelle di Slashdot sono differenti. Il modo in cui Flickr[87] consente agli utenti che condividono foto di crearsi spazi tematici e di aggregarsi su aree pertinenti è diverso dal modo in cui centinaia di migliaia di persone condividono i loro indirizzi web preferiti su del.icio.us[88].

Da un punto di vista generale, però, sono tutti modi di risolvere un problema, di dare una forma a uno strumento nuovo che è stato progettato per riceverla da mille punti diversi e accettarla, attraverso le pratiche e l'utilizzo, sulla base del consenso.

Se, come pure McLuhan sconsigliava (ma come molti continuano a fare), giudichiamo i network digitali attraverso il contenuto, sbagliamo completamente. Nella prospettiva illuminata e classica proposta da McLuhan, «il medium è il messaggio» e il contenuto di ogni nuovo me-

[83] http://www.splinder.com
[84] http://www.livejournal.com
[85] http://www.typepad.com
[86] http://www.kuro5hin.com
[87] http://www.flickr.com
[88] http://del.icio.us

dium è un medium più antico. Per cui il contenuto della scrittura è il discorso, il contenuto della stampa è la scrittura[89], e così via. Il contenuto di Internet, potremmo dire, sono tutti gli altri media, poiché la Rete altro non è che un «ambiente mediale» completo, che può utilizzare la parola scritta, l'oralità, i linguaggi della radio e quelli della televisione, persino inventarne di nuovi. La digitalizzazione, in un certo modo, rimescola completamente le carte:

> Il motivo per cui la radio è il mezzo di comunicazione che si trova più avanti rispetto agli altri nel processo di trasformazione dei media che la digitalizzazione sta producendo è un altro e consiste nella sua sostanziale separazione tra «medium» e «messaggio». Gli apparati della comunicazione sono cresciuti e si sono affermati grazie allo sfruttamento di quello che è stato definito come il loro «specifico». La carta stampata e la televisione, il cinema e la radio, ognuno rifletteva sulle proprie caratteristiche particolari e cercava di sfruttarle per ottenere i migliori risultati, sia in termini di efficacia che in termini di successo. Quando tutti i tipi di informazione (intesa in senso lato) si trasformano in bit, trasferibili immediatamente su qualsiasi supporto, lo «specifico» viene meno. È difficile far capire questo semplice concetto a chi investe cifre considerevoli sul trasferimento di informazioni attraverso un particolare supporto, però la rivoluzione digitale consiste in questo ed è proprio la radio a trovarsi molto avanti in questo processo[90].

La radio è in effetti un caso emblematico. Gli individui con una sufficiente alfabetizzazione tecnologica, del resto, già dichiarano che gli è indifferente il canale attraverso il quale la ascoltano, che vi si accostano «anche tramite Internet o il cellulare»[91]. Ma spezzettata in segmenti signifi-

[89] M. McLuhan, *Gli strumenti del comunicare*, Il Saggiatore, Milano 2002, p. 16.
[90] Censis/Ucsi, *Quinto Rapporto sulla Comunicazione in Italia*, Roma, ottobre 2005, pp. 38-39.
[91] Ivi, p. 39.

cativi e distribuita in podcasting[92] per essere ascoltata in maniera asincrona mentre si fa jogging, o scaricata in maniera tematica sul sito di un grande quotidiano[93], è ancora «Radio» come l'abbiamo sempre immaginata? Il contenuto radiofonico, «condiviso», generato a volte da un algoritmo, e non più «trasmesso», è ancora radio?

O, ancora, i videopost[94] che oggi possiamo produrre a costi irrilevanti e distribuire con relativa facilità, così come possiamo guardarli sull'Ipod o sul telefono mobile, sono televisione?

Distribuire definizioni, oggi, attraverso i network, appare ancora più complicato. L'informazione che c'è in Rete è giornalismo? Le storie che si raccontano in Rete sono letteratura? Se il lavoro tradizionale dei media in quanto istituzioni è produrre contenuti con l'obiettivo di essere letti, guardati, ascoltati, cosa abbiamo di fronte?

Sono tutte domande mal poste. I network digitali non si stanno affermando perché fanno meglio dei media tradizionali le cose che i media tradizionali facevano già. Si stanno affermando perché fanno qualcosa che i media tradizionali non facevano: mettere in comunicazione milioni di persone e dare loro gli strumenti per organizzarsi.

[92] Il podcasting è la predisposizione di unità di contenuto audio per l'ascolto mirato, sull'Ipod (da cui prende il nome) o su qualsiasi altro riproduttore di file compressi in formato Mp3.

[93] http://repubblicaradio.repubblica.it/

[94] I videopost sono contenuti video «postati su un weblog».

Capitolo 3

NETWORK CHE SI DANNO UNA FORMA

Durante il boom, c'è stata una corsa a mettere tutto e tutti online. Si trattava di creare un villaggio globale. E mettere tutto il mondo in una piazza significava il caos totale. Le persone hanno bisogni diversi, obiettivi differenti. Ma le persone modificano le strutture che vengono loro date per soddisfare i propri desideri. Dobbiamo confrontarci con un ambiente digitale che ha valori collettivi...

Danah Boyd

Conflitti

In principio ogni cosa era libera. I ricordi e i racconti ormai romanzano molto la storia iniziale delle tecnologie informatiche prima e digitali poi. La leggenda narra di programmatori gioiosi e goliardici che si spediscono per posta i nastri magnetici con messaggi tipo «Love, Ken»[1].

[1] La storia di Unix, sistema operativo open source da cui è nato poi Linux, è disponibile su molte fonti in rete. Ken Thompson praticamente ne avviò lo sviluppo cominciando a duplicare e a distribuire per posta il suo primo manufatto nel 1969. L'anno dopo quel software sarebbe stato battezzato, appunto, Unix.

Quando i computer commerciali apparvero sul mercato, il software non era protetto, sia il prodotto sia il codice sorgente[2], quindi tutti erano potenzialmente in grado di modificarlo o svilupparlo. I primi anni di Internet sono stati costruiti sulla logica del «nessun diritto riservato», rispettando la logica stessa dell'architettura del sistema. I contenuti, che si potevano duplicare e modificare a costo zero, semplicemente non erano tutelati e nessuno se ne preoccupava.

Questa sorta di utopia della creatività collettiva ad un certo punto, superata la sua soglia critica, ha cominciato ad avere una sua importanza sociale ed è entrata in contatto con l'organizzazione che le società tradizionali si erano date nel corso dei millenni. Lo «scontro» dei due modelli non è avvenuto solo sul piano apparentemente ristretto della tutela dei diritti d'autore, che pure ha occupato con protagonismo le cronache di questi anni. Le stesse dinamiche dialogiche, con toni e confronti più o meno accesi, nel corso degli anni le abbiamo registrate su moltissimi fronti sensibili: mercato, cultura, media, persino filosofia. Abbiamo cominciato a prendere atto che le reti immateriali non sono affatto un ambiente separato da quello che, ormai solo per comodità, chiamiamo il mondo reale. Le persone che si muovono all'interno dei sistemi sono le stesse e le decisioni che queste persone prendono nella loro vita influenzano l'ordine delle cose.

Su diversi concetti cardine del vivere sociale i due sistemi sono in competizione e la storia dei nostri tempi potrebbe essere raccontata attraverso i risultati di questo confronto continuo, spesso agito come gioco di forza dai poteri forti tradizionali.

[2] Agli inizi non era tra l'altro possibile, per esempio, far girare un programma per una macchina IBM su una macchina non IBM. Di conseguenza nessuno si preoccupava di tutelare i diritti. Uno dei primi a preoccuparsene fu Bill Gates, da ragazzino, all'epoca in veste di programmatore.

Le nostre culture occidentali si sentono sotto attacco da parte delle Reti su molti fronti, perché i network agiscono sulla conoscenza, sull'arte e sul pensiero, sulle aspirazioni. Mettono in crisi (perché «modificano») l'autorevolezza, i valori, i punti di riferimento. Molti autori – come Lawrence Lessig, avvocato e profeta della giurisprudenza della cultura libera – temono questo confronto:

Pensiamo alle cose incredibili che nostro figlio potrà realizzare grazie alla tecnologia digitale – film, musica, pagine web, blog. O consideriamo le cose incredibili che la nostra comunità potrà realizzare più facilmente tramite la tecnologia digitale. Pensiamo a tutto questo, e poi immaginiamo la fredda melassa versata sui computer. Questo è ciò che produce ogni regime che obbliga a richiedere permessi. Di nuovo, questa è la realtà della Russia di Brežnev[3].

Altri raccontano questa storia in termini di poteri economici, facendo le cronache delle acquisizioni, delle speculazioni, del movimento delle azioni. Si tratta di una prospettiva affascinante, ma solo per chi si interessa di questioni finanziarie. Nessuna acquisizione o nessuno spostamento di capitale ha finora prodotto cambiamenti significativi nell'evoluzione della Rete, non a livello culturale almeno, e poco a livello di infrastrutture. Ai cittadini digitali non interessa che un dato servizio sia di proprietà di x o di y, ma che funzioni bene e che produca un gioco a somma non zero. E in questo i «grandi capitali» hanno le stesse *chances* di riuscire di un gruppetto di individui creativi. La storia ci dice, anzi, che tutti i passi in avanti sono venuti da situazioni del secondo tipo. Le stesse continue acquisizioni dimostrano che i capitali inseguono le buone idee e non viceversa[4].

[3] L. Lessig, *Cultura libera*, Apogeo, Milano 2005, p. 279.

[4] In realtà è un processo che fa normalmente parte del mercato e delle logiche economiche. L'innovazione nel mercato, anche secondo le teorie ormai classiche, parte sempre dal piccolo. «È il capitalismo

L'impostazione attuale dei network poco si presta a giochi di forza. Tecnicamente, l'unica soluzione possibile per frenarne la crescita come la vediamo ora è cambiarne l'architettura: costruire un nuovo sistema in cui le modifiche non possano più partire da qualsiasi punto ed essere sottoposte al giudizio di milioni di persone. Inoltre la società digitale non è costruita su base territoriale, quindi decisioni infelici di un governo locale (ad esempio sul tema caldissimo della connettività) produrranno solo dei ritardi in quell'area, mentre le altre correranno più veloci. È il caso, ad esempio, del governo italiano, che, invece di produrre politiche a somma non zero, continua a investire su tecnologie antiquate come il digitale terrestre. Il risultato è la diffusione molto relativa della banda larga e quasi nulla delle connessioni senza cavi. Ma queste scelte non rallentano la società digitale: semplicemente rendono più complicato e costoso per noi italiani partecipare al grande gioco dell'innovazione e della crescita.

Persino chi possiede le infrastrutture (ad esempio i milioni di chilometri di cavi su cui viaggiano i dati) deve tener conto degli utenti e di quanto essi desiderano. E anche qui, la storia di questi dieci anni racconta che tutti i modelli di chiusura non hanno pagato. I costi di connettività, anche nei sistemi più protetti, sono diminuiti e la velocità è aumentata. In alcuni paesi di più, in altri di meno, ma de-

che emerge dal basso, nel quale gli imprenditori operano per istinto, esprimendo quelli che Keynes chiama 'animal spirits', gettandosi a testa bassa nel confronto con il mercato e alimentando la concorrenza che poi provvederà a selezionarli. Da questo capitalismo fatto di nuove e piccole imprese è venuta la maggioranza delle idee e dei prodotti che hanno rivoluzionato la nostra vita negli ultimi due secoli e hanno permesso una crescita economica senza precedenti nella storia». Se dal piccolo nasce l'idea, tocca poi ai grandi capitali concentrare «la spesa di ricerca e sviluppo per l'innovazione sistematica, che spesso raccoglie quelle idee e le perfeziona adattandole alle esigenze di mercato». Cfr. G. Nardozzi, *Creatività ed economia*, in A. Testa, *La creatività a più voci*, Laterza, Roma-Bari 2005, pp. 79-80.

cisamente oggi i costi di accesso alla Rete sono molto più bassi di dieci anni fa. E le prestazioni molto superiori.

Questo non significa che per gli operatori della telefonia sia finito il business, ma solo che è cambiato il modello attraverso cui produrre reddito. I prossimi anni continueranno la tendenza.

In questa dialettica con i sistemi forti delle società tradizionali, da un punto di vista «di sistema», i network digitali hanno due grandi vantaggi. Il primo è l'architettura aperta, che consente a costi molto bassi di modificare soluzioni esistenti, proporre soluzioni nuove o semplicemente scegliere tra diverse soluzioni. Il secondo è la logica che ne deriva, basata sul consenso agito e non sulla delega alle decisioni. Queste due caratteristiche hanno, ad esempio, sconfitto le imposizioni sulla tutela del diritto d'autore, hanno premiato la logica delle informazioni gratuite, hanno affiancato ai giornalisti un sistema di approfondimento, controllo e trasparenza, hanno aperto nuovi spazi nell'angusto e ingessato regno dell'autorevolezza tradizionale, hanno imposto la telefonia attraverso i protocolli internet. I network hanno, in due parole, autorganizzato se stessi, per far fronte a dei problemi diffusamente percepiti e che, finalmente, potevano avere una soluzione proposta da chiunque. Il che, in soldoni, significa semplicemente moltiplicare le soluzioni.

Problemi che diventano soluzioni

I weblog sono sempre esistiti. La tecnologia che li governa è abbastanza semplice. Perché sono emersi così tardi?

La prima risposta alla domanda «Perché proprio ora?» è semplicemente «perché questo era il momento». Non so spiegare perché c'è voluto tanto per far diventare una realtà i weblog, ma so che la risposta non ha assolutamente nulla a che fare con la tecnologia. Avevamo ogni bit necessario per fare i weblog da quando Mosaic lanciò il primo browser. Ogni singolo pezzo era già lì. Eppure invece dei weblog abbiamo avuto Geocities. Perché? Non sapevamo cosa stavamo facendo.

Geocities era una cattiva idea, i weblog sono diventati una grande idea. Eppure c'è voluto molto tempo per immaginare che sarebbe stato utilissimo far conversare le persone le une con le altre, invece di limitarci a pubblicare brutte foto dei nostri gatti su una pagina statica[5].

I weblog, in realtà, sono la risposta convincente ad una serie di problemi. Il primo, tra tutti, è sfruttare la possibilità di comunicare. Un tentativo che il Web aveva stimolato per definizione, ma che non poteva funzionare senza interazione. Le vecchie pagine web (di cui Geocities[6] è un ottimo esempio) pubblicavano effettivamente informazioni consultabili. Ma il Web non aveva ancora trovato una risposta al problema di come rendere effettiva questa pubblicazione, ottenendo pubblico, relazioni e connessione tra autore e lettore. Se l'assunto di principio (il «cosa si voleva fare») era chiaro, rimaneva assolutamente inefficace il «come riuscirci». Le vecchie home page personali non avevano pubblico, e spesso non avevano nemmeno un contenuto. Semplicemente, non funzionavano.

Il problema di «come trovare le informazioni in Rete» non è mai stato solo un problema di chi sviluppava tecnologia: è sempre stato percepito da chiunque come un proprio problema. Se in un sistema con un'architettura diversa l'atteggiamento sarebbe quello di pensare «ok, arrangiamoci finché non lo risolvono», con Internet tutti hanno pensato a delle loro soluzioni. Qualcuno, come abbiamo

[5] C. Shirky, *A Group Is Its Own Worst Enemy*, in http://shirky.com/writings/group_enemy.html

[6] Il «periodo Geocities» è stato il momento in cui, per creare valore di gruppo, si regalava spazio web. Toccava poi all'utente trasformarlo in qualcosa di utile, in base alle proprie competenze tecniche. Il risultato erano delle pagine personali, statiche e poco aggiornate, che ormai fanno parte dell'archeologia umoristica del Web.

visto, progettando algoritmi, altri semplicemente mettendo a disposizione la propria capacità cognitiva.

Così, ad un certo punto, alcuni individui hanno cominciato a usare i weblog per segnalare ai loro lettori le risorse interessanti che trovavano in Rete. Non c'è nulla di meglio del cervello umano per svolgere questo compito, quindi i primi lettori dei primi weblog hanno giudicato molto interessante il servizio. E visto che funzionava, hanno pensato altri di loro, perché non farlo anche noi?

Osservando ciò che faceva il proprio vicino, il ragionamento era semplice: io sono molto interessato a questo argomento e per lavoro (o per passione) continuo a fare ricerche in Rete, ho le mie fonti di cui ho già testato l'affidabilità, perché non dovrei condividerle con gli altri? E perché non dovrei collegarmi ad altre persone che fanno la stessa cosa su argomenti che mi interessano?

La risposta che alcuni milioni di persone, ad oggi, si sono date è che non c'era nessuna ragione per non farlo. E con gli anni, i costi per riuscirci (in termini di tempo, competenze e possibilità) si sono sempre più abbassati e le possibilità di interazione sono cresciute attraverso il miglioramento della qualità e degli strumenti resi gratuitamente disponibili.

Usi nuovi per soluzioni esistenti

Il successo dei primi weblog, che smistando lettori verso contenuti interessanti risolvevano il problema di isolamento delle vecchie home page personali, ha dimostrato l'esistenza di una possibilità. Disegnando attraverso i link una serie di percorsi che finivano per diventare, all'interno dei network, degli «spazi pertinenti» modellati sulle preferenze e sugli interessi (i cluster), i weblog hanno cominciato ad affermare un modello che funziona e che genera attenzione almeno in misura pari a quella che consuma. L'atto stesso di portare il lettore fuori dalle proprie pagine è ciò che consente al sistema di funzionare e che già si dimostrava valido su scale molto piccole.

Avendo risolto un problema cronico della Rete (avere lettori e filtrare contenuti) si è cominciato a pensare di usare i weblog in altri modi. La crisi di fiducia del giornalismo negli Stati Uniti[7] è stata la motivazione di alcuni ad utilizzare lo strumento come *watchdog* o come semplice complemento per l'informazione. La possibilità di avere un canale di espressione politica, per altri, ha segnato la nascita del dibattito politico in Rete. Ovunque l'informazione fosse percepita come un bene scarso e ovunque si percepisse un gap di espressione (dalle barriere di accesso al dibattito culturale fino alle relazioni interpersonali) i weblog hanno rappresentato la soluzione ideale. E ovunque ci fosse un interesse sociale sufficiente a mantenere in vita questi tentativi, la sopravvivenza è stata garantita.

Questo lavoro redazionale distribuito è oggi una delle prime fonti di selezione e ricerca delle informazioni, ma anche la «mente sociale» della Rete, la fitta ragnatela di comunicazione e feedback attraverso cui i network riflettono su se stessi e si modellano.

Conversazioni che generano azioni

Sebbene i blog, attivando conversazioni tra individui con stessi interessi, abbiano facilitato l'accesso alle informazioni, il problema non è assolutamente risolto in maniera completa. Il W3C, il consorzio che si occupa di tutelare gli standard nel Web, ha da anni allo studio una soluzione centralizzata, basata su una serie di classificazioni che dovrebbero essere condivise. Molti di noi conoscono questo progetto come «Web Semantico» e lo aspettano con curio-

[7] Si guardino ad esempio i rapporti annuali *State of news media*, che tengono il polso al giornalismo americano. Cfr. http://www.stateofthenewsmedia.org/

sità, ma i tempi non sono ben chiari e ci sono molte perplessità sul suo effettivo funzionamento. Senza scendere nei dettagli (non è questa la sede), un simile progetto richiederebbe che ogni tipo di informazione venga classificata e che vi sia accordo su come classificarla. Questa operazione è complicatissima già se parliamo di libri, figuriamoci se entriamo in terreni su cui nemmeno tra gli scienziati c'è accordo (ad esempio la mappatura dei geni).

Chiaramente, nell'attesa del Web Semantico, milioni di persone non sono stati con le mani in mano. Tra i primi blogger c'era un signore che si chiama Dave Winer[8] e che molti ancora oggi considerano il papà dei weblog. Oltre ad aver giocato per anni con piattaforme di blogging (come Manila e Radio Userland), Winer è anche uno dei padri di quella che oggi consideriamo una tecnologia cardine per l'accesso alle informazioni e che solo un paio d'anni fa per moltissimi utenti era qualcosa di simile all'esoterismo. RSS (Really Simple Syndication[9]) non è altro che un formato di distribuzione (*syndication*, appunto) delle informazioni. Un formato diverso da quello classico del Web, ma che ha due caratteristiche particolari: può essere letto dalle macchine e può trasportare «metadati», ovvero informazioni sulle informazioni.

Winer e pochi altri, assunto il principio che per risolvere l'*information overload* l'unica possibilità era aggiungere informazioni sulle informazioni (i metadati, appunto), hanno cominciato a discutere e a cercare consenso sui canali RSS (chiamati «feed»). Senza disporre di nessuna autorità centrale, ma mettendo il tema all'ordine del giorno nelle discussioni della mente sociale della Rete, hanno

[8] http://www.scripting.com

[9] RSS è disponibile in sette versioni e in due formati. Ogni versione ha caratteristiche uniche (che sono relative alla sintassi con cui è costruito il codice), tuttavia esiste una compatibilità molto alta (quasi tutti i software e le applicazioni sono in grado di operare indifferentemente con l'una o con l'altra).

avviato un processo. Oggi la maggior parte dei contenuti pubblicati sul Web dispone di un canale RSS, nei diversi formati. Le principali piattaforme di blogging hanno adottato lo standard e, a poco a poco, anche i principali operatori della comunicazione mondiale. In Italia hanno cominciato Kataweb.it, Ansa.it e Repubblica.it, seguiti poi dal sito della «Stampa» e da quello del «Sole 24 Ore». Grazie ai feed RSS io posso essere informato in tempo reale sugli aggiornamenti dei canali cui sono iscritto[10], utilizzare i dati che mi vengono da questi feed per ricomporre informazioni nel mio sito (lo chiamano *remixable Web*) o creare un archivio di fonti che vengono automaticamente salvate nel mio computer e sono disponibili per essere lette quando ho tempo.

Raggiunto un momento critico (quello per cui una data soluzione è percepita come uno standard[11] e quindi si propaga da sola), da più punti si è cominciato a cercare nuove soluzioni per migliorare ancora l'accesso alle informazioni. Uno dei problemi sensibili ha cominciato ad essere quello dei metadati: che tipo di informazioni dobbiamo utilizzare per classificare bene ciò che scriviamo? Come possiamo accordarci? Qual è la soluzione migliore?

Di nuovo, nelle discussioni su come far funzionare il sistema, si era prodotto un passo avanti. Mentre la parte speculativa della mente sociale produceva analisi e dotte

[10] Per sottoscrivere un canale RSS è sufficiente avere un software in grado di leggerlo (ne esistono decine, principalmente gratuiti) e indicare al software che si intende monitorare quel dato canale. Ad ogni aggiornamento del sito cui ci siamo iscritti, il software ci notificherà automaticamente la disponibilità di nuovi contenuti.

[11] Nell'analisi della diffusione delle tecnologie si usa il concetto di «massa critica», mutuato dalle scienze sociali e poi utilizzato nella Teoria dei network. Poiché il valore delle innovazioni deriva dal numero di persone che le utilizzano, viene di solito individuato un punto nella curva di crescita in cui il numero di utenti fa accelerare sensibilmente la velocità di adozione, modificando la linea della curva e segnalando il momento in cui la tecnologia inizia a diffondersi da sola. Quel punto indica il raggiungimento della massa critica.

dissertazioni, da tutti i punti sensibili si proponevano nuove soluzioni pratiche. Google ha lanciato il suo motore di ricerca che legge i feed (e quindi potenzialmente i metadati). Applicazioni ormai notissime come Technorati, Flickr e del.icio.us hanno cominciato a suggerire un metodo semplice: i «tag», ovvero delle semplici etichette in grado di identificare le informazioni, che poi vengono trasportate dai feed RSS e collegate alle banche dati di questi sistemi. In questo modo, se io leggo qualcosa su un dato argomento, posso immediatamente collegarmi ad altri testi (o foto o materiali diversi) classificati con quella stessa parola.

Il finto problema dell'ordine e delle gerarchie

Un pomeriggio, durante i *Webdays 2005* a Torino, Derrick de Kerckhove ha esordito dicendo: «Non abbiamo più bisogno di ordine». Bruce Sterling, in un articolo intitolato *Order Out of Chaos*, iniziava così: «Eravamo abituati ad affidarci ai filosofi per mettere il mondo in ordine. Ora abbiamo gli architetti dell'informazione, ma il lavoro non lo fanno loro. Lo facciamo noi tutti insieme»[12]. Entrambi stavano parlando della classificazione distribuita dei contenuti disponibili, cui si dà comunemente il nome di *folksonomy*, un termine inventato da Thomas Van der Wal. Un architetto delle informazioni, appunto.

Le discussioni sui criteri di classificazione della conoscenza, strategiche per migliorare l'efficacia dei network, si fondano spesso su una superstizione di cui abbiamo già parlato, ovvero la convinzione che sia possibile trattare i network come una biblioteca.

Uno dei fattori di successo dei weblog, a livello di sistema, è stata la realizzazione delle aspirazioni segrete di

[12] B. Sterling, *Order Out of Chaos*, in «Wired Magazine», 13 aprile 2005. L'articolo è consultabile online alla pagina http://www.wired.com/wired/archive/13.04/view.html?pg=4

ogni bibliotecario: i post hanno un indirizzo permanente, il «permalink», che li identifica in maniera univoca. Questa logica, in una biblioteca, significherebbe poter identificare ogni paragrafo di un libro. Inoltre uno dei vantaggi dei metadati applicati ai feed RSS, trasportato nella prospettiva bibliotecaria, significherebbe la possibilità fantastica di applicare una classificazione ad ogni paragrafo e quindi poter cercare tutti i volumi che parlano di un dato argomento. Ma Internet non è una biblioteca, anche se progetti come Google Print, che aspirano alla digitalizzazione di ogni libro stampato, sono destinati ad emularne le funzioni in maniera decisamente più brillante.

A livello di network le ragioni dei bibliotecari semplicemente non sono sostenibili. La folksonomy, evidentemente, non sarà mai precisa come una classificazione impostata dall'alto[13]. Per una serie di ragioni, la prima delle quali è che ciascuno vede il mondo a modo suo e quindi decide arbitrariamente come classificare i propri testi. Questo comporta un'associazione delle informazioni tra loro che è pura *serendipity*, non accordo universale. Inoltre, una imposizione dall'alto non stimolerebbe la collaborazione, che è l'unica forma per venire a capo del problema:

In definitiva nessuna mente umana, nessun pianeta pieno di menti umane, può catalogare l'oceano scuro e in continua espansione di informazioni che vi immettiamo. In un futuro di informazioni auto-organizzate dalla folksonomy, non potremmo

[13] Sterling gioca anche con la precisione delle classificazioni centralizzate, utilizzando come esempio proprio Van der Wal, che potrebbe essere definito in mille modi (phylum Chordata, subphylum Vertebrata, class Mammalia, subclass Eutheria, order Primata, suborder Haplorhini, family Hominidae, genus *Homo*, species *sapiens*), tutti corretti ma nessuno esaustivo. Per approfondire l'argomento, si veda un famosissimo saggio di Clay Shirky intitolato *Onthology is Overrated*, disponibile online alla pagina http://www.shirky.com/writings/ontology_overrated.html

neanche trovare le parole per classificare ciò che accade; come per le dimostrazioni matematiche con 30.000 passaggi, potrebbero essere oltre ogni comprensione. Ma potremo effettuare ricerche vaste e sorprendentemente potenti. Non navigheremo più attraverso i motori di ricerca. Pescheremo a strascico con motori «di significato»[14].

Anche se volessimo sostenerne le ragioni intrinseche, dovremmo arrenderci all'evidenza che nei network un accordo universale è semplicemente contrario alle regole. La «navigazione» tra tante informazioni è un problema nuovo che non si può risolvere con metodi vecchi e che ci abituerà a nuove soluzioni. La folksonomy è una di queste, ma probabilmente neanche la folksonomy è la soluzione definitiva. La discussione interna (quel sistema di idee, feedback e proposte che è alla base dell'autorganizzazione e che sfrutta la capacità di modificare se stesso) continua. Secondo un'opinione diffusa, confermata dalla recente evoluzione, il processo è molto simile al metodo scientifico: idee e varianti di idee messe in circolo e combinate con un selettivo processo di *filtering*. Altri autori, come Franco Carlini, pur riconoscendo la conflittualità sociale tipica degli esseri intelligenti che (a differenza di termiti e formiche) pensano e desiderano invece di «eseguire», lo paragonano al metodo naturale: «Milioni di varianti vengono generate a caso e solo pochissime passano la prova. Questo potrebbe apparire un modo assai inefficiente di procedere, ma in realtà è l'unico possibile, a meno di non credere alla presenza di un architetto supremo che tutto prevede, fino all'ultimo dettaglio»[15].

Dobbiamo dunque riconoscere alla società digitale i suoi tempi tecnici per continuare a crescere e dobbiamo prendere atto che, con tutti i problemi, negli ultimi anni è

[14] *Ibid.*
[15] F. Carlini, *Le idee in rete hanno le gambe lunghe*, in Testa, *La creatività a più voci* cit., p. 167.

cresciuta già moltissimo. Chi ricorda l'Internet del 1995 può affermarlo con certezza.

Altri problemi che sono diventati soluzioni

Finora abbiamo raccontato brevemente la storia di come i network hanno lavorato per organizzarsi nella gestione delle informazioni. Ma lo stesso principio, molto simile alla logica che riconosciamo nei mercati, si manifesta in qualsiasi settore. Come nelle città in cui manca un determinato bene e c'è sufficiente domanda, in rete ogni esigenza viene immediatamente raccolta. Negli ultimi anni la digitalizzazione della fotografia ha prodotto una grande diffusione di macchinette digitali (spesso unite ai telefoni). La fotografia già in formato digitale era praticamente pronta per essere distribuita e condivisa, ma c'è stato un momento in cui un problema oggettivo ne limitava la presenza in rete. I weblog non disponevano, per la maggior parte, di spazio su disco per archiviare i file e lo spazio su disco bisognava acquistarlo. Dopo i primi tentativi di alcuni di vendere il servizio, Flickr ha risolto il problema realizzando un gioco a somma non zero e diventando l'approdo naturale per tutte le fotografie in Rete.

Ma è una situazione che si può osservare su diversi fronti. Molti hanno cominciato ad essere insoddisfatti dell'informazione generalista dei quotidiani e delle televisioni, e i network si sono configurati per offrire informazione di nicchia in grado di soddisfare maggiormente tutti. Persino tra i cultori dell'uncinetto e dei ferri da maglia (possiamo immaginare qualcosa di più lontano dalle tecnologie?) sono emerse forme di autorganizzazione: su *LiveJournal* esiste una comunità di centinaia (forse migliaia) di *crafting girls* che utilizzano la Rete per scambiarsi idee, tecniche, esperienze di vendita e persino oggetti. Se la logica è intuitiva (tutte le società umane cercano da sempre di funzionare in maniera ottimale seguendo questa direzione), perché i network ci riescono in maniera migliore?

Probabilmente perché, giova ripeterlo, rispetto ad altri sistemi sociali le barriere verso l'innovazione sono molto più basse e i costi minori. In una città, per rispondere alla domanda di mercato con un'offerta, devo confrontarmi con una burocrazia e con una pianificazione di investimento. Nei network, a fronte di un problema condiviso, ciascun individuo può liberamente contribuire allo sviluppo delle idee o svilupparle in prima persona ottenendo collaborazione. Quindi una ragazza di Sacramento può aprire un sito web, raccogliere consenso e gestire un *sampler*[16], uno scambio collaborativo di materiali, tra centinaia di *crafting girls*.

Tutto questo, inserito in un contesto globale, significa che lo sviluppo delle soluzioni può contare su molte più proposte rispetto ad un mercato locale. Ma forse il punto sostanziale a favore dei network lo segna la capacità di imparare dagli errori e di ragionare su se stesso. Il Web di oggi, che è l'interfaccia più stabile di tutte le relazioni, ha imparato a disegnarsi per sfruttare le capacità di un sistema emergente. Le applicazioni migliori (ciascuna delle quali partecipa dell'attività di soluzione a un problema sociale) sono progettate per essere «hackerate» e «remixate». Il che vuol dire che sono pensate per essere migliorate dal contributo degli utenti, riempite dal contenuto degli utenti e disponibili a cedere il proprio valore ad altre applicazioni. Tutti oggi possono prendere degli script da Flickr per inserire in automatico le ultime foto sul proprio blog, utilizzare delle librerie software (chiamate API) per interrogare e riutilizzare i dati di Technorati o le mappe di Google. Le licenze stesse sono rilasciate in genere con poche limitazioni per favorire lo sviluppo.

Il risultato è una serie di «servizi» che vengono alimentati con la collaborazione degli individui e che utiliz-

[16] http://www.homeofthesampler.com

zano a loro volta i dati di altri servizi per creare maggior valore: se, ad esempio, cercate il nome di Weinberger su Technorati, avrete come risultato anche le sue foto prese da Flickr o i link ai testi che riguardano David archiviati su del.icio.us da altre migliaia di persone.

In poche parole, il Web oggi è un costante flusso di informazioni, in grado di evolversi mentre l'informazione scorre. Steven Johnson lo paragona all'ecosistema di una foresta pluviale e lo descrive così: «Abbiamo migliaia di servizi che analizzano ogni nuovo pezzo di informazione online, afferrando le parti interessanti, remixandole in nuovi modi e passandole ad altri servizi. Ogni nuova aggiunta al mix può essere utilizzata in innumerevoli nuovi modi, sia dai blogger sia dai software che monitorano i cambiamenti dell'intero stato del Web. L'informazione in questo nuovo modello è analizzata, riorganizzata, digerita e trasmessa al link successivo della catena. Semplicemente scorre»[17].

[17] S. Johnson, *Web 2.0 arrives*, in «Discover», vol. 26, n. 10, ottobre 2005. L'articolo è disponibile online alla pagina http://www.discover.com/issues/oct-05/departments/emerging-technology/

Parte seconda
COSE CHE CAMBIANO

Capitolo 4
CONOSCENZA

> Ad un livello generale, una delle maniere per stilare una graduatoria dell'intelligenza degli esseri viventi è osservare la loro efficacia nel modellare l'ambiente circostante. In questo gli uomini sono i leader indiscussi tra le specie terrestri, ma per andare oltre la limitata potenza di una mente singola, i modelli del mondo devono essere condivisi e costruiti collaborativamente, attraverso la creazione di un vasto spazio pubblico riempito di giudizi distillati dinamicamente.
>
> *Hassan Masum*

Qualità

Il primo, più grande e importante effetto che la digitalizzazione e i network hanno portato sui canoni tradizionali della conoscenza è la «variazione di scala». Molte regole di funzionamento delle nostre società hanno cominciato a rivelarsi non più efficaci con l'aumento dei numeri (delle relazioni, degli individui coinvolti o «abilitati» alla comunicazione). Alcuni criteri, prima riconoscibili universalmente, oggi non sono più applicabili (o meglio: sono ancora applicabili ma funzionano molto meno bene).

Uno dei concetti che maggiormente ha sofferto l'esplosione della scala, dicevamo, è quello di «qualità», applicata ai contenuti, all'espressione, all'informazione (e quindi in generale a ciò che chiamiamo cultura). Il modello tradizionale, quello che ancora oggi coesiste con Internet, non è molto diverso come processo: potenzialmente tutti possiamo diventare editori (pubblicando libri, programmi radio o tv, ecc.), il mercato nel tempo decide cosa ritiene di qualità, premia le buone idee, i migliori editori, e ne rafforza da un lato la capacità di essere credibili (reputazione), dall'altro quella di raggiungere il pubblico (distribuzione). Non a caso nel mercato editoriale italiano abbiamo migliaia di editori, ma solo una decina si aggiudicano la maggior parte del fatturato. Leggere un commento sul premier in un editoriale del «Corriere della Sera» rende il pensiero dell'autore molto più condiviso rispetto a una pubblicazione sulla «Gazzetta di Vigata». Più condiviso per una ragione pratica (il «Corsera» raggiunge più pubblico e con una percezione diversa: se una testata storica e credibile pubblica un'opinione, quell'opinione è autorevole).

In questo modello c'è una sorta di cortocircuito che in qualche modo stabilizza il sistema: gli editori più «potenti» (in termini di reputazione e distribuzione) sono in grado di determinare quella che chiamavamo la «cornice sociologica»: decidono l'agenda dei cittadini (ovvero decidono i temi su cui focalizzare l'agenda dei singoli) e definiscono cosa è cultura. Il cortocircuito è costruito sull'autoreferenzialità: se una fonte importante mette sul tavolo un tema, le altre lo raccolgono e lo ridistribuiscono.

I network funzionano allo stesso modo, però adeguandosi alla variazione di scala. Le barriere all'accesso della comunicazione crollano, poiché non c'è più bisogno di sostenere costi enormi per diventare editori di testo, audio e video. E con il crollo delle barriere viene a mancare la selezione a monte delle voci: se prima scrivere sul «Corriere» implicava una qualità riconosciuta preventivamente (altrimenti il giornalista sarebbe rimasto sulla sua testata locale, nel migliore dei casi), oggi scrivere in Rete non richiede più patenti o certificazioni.

Sebbene in termini assoluti questa situazione sia il risultato di un'ambizione sociale costruita su millenni (lo scambio di conoscenza «totale») e sebbene la conoscenza in circolo sia aumentata e contemporaneamente diventata bene pubblico, questa variazione di scala, enorme ed improvvisa, è stata spesso fraintesa o mal giudicata. Molti intellettuali hanno accompagnato la crescita della società digitale (e del Web in particolare) con giudizi netti e spesso superficiali. «La Rete è piena di spazzatura» è stato una specie di motto di chiusura, che si accompagnava ad una analisi che nulla aveva a che vedere con la grammatica dei network. In altri casi, si è parlato di «amatorializzazione di massa» o, più svagatamente, di trionfo del dilettantismo.

In realtà, sono successe due cose. La prima, più evidente, è che i network hanno messo in crisi i ruoli tradizionali di tutti i «mediatori», come è normale che accada quando un elemento nuovo, di così vasta portata, entra a far parte di un ecosistema complesso come, nello specifico, quello mediatico. Molti giornalisti, editori, scrittori hanno apertamente criticato il nuovo modello (in cui non erano evidentemente capaci di orientarsi con successo), come se un giudizio *tranchant* potesse farlo scomparire o come se impostare una «resistenza» attraverso le scelte della propria organizzazione potesse mantenere lo *statu quo* precedente.

Da questo punto di vista, il caso Google Print è uno specchio sincero della situazione. Di fronte al colossale progetto di digitalizzare tutti i libri del mondo, si è scatenata un'assurda resistenza combattuta sul filo delle leggi per la tutela del diritto d'autore. Al di là del fatto che una simile operazione sia un enorme capitale sociale (un gioco a somma non zero) e che sia inevitabile (ora che la tecnologia lo permette si tratta solo di aspettare che i tempi siano maturi perché accada), questa resistenza significa soprattutto ignoranza sul funzionamento della Rete e sulle sue regole.

La seconda cosa che è successa, con l'aumento di scala, è appunto la definizione di nuove regole di orientamento all'interno della conoscenza disponibile. Non è variato il principio di funzionamento (basato su distribuzione ed autorevolezza), ma si è modificato il modello attraverso cui lo riconosciamo, ed è forse diventato più equo. La qualità continua ad essere, come nelle teorie del mercato classico, ciò che corrisponde ai modelli del consumatore: oggi però tutti hanno maggiore possibilità di metterla in circolo e soprattutto non è più determinata sulla base di intuizioni, statistiche e successive verifiche ottenute dal mercato. Una buona idea, per incontrare chi è ad essa interessato, non deve più passare attraverso molte scrivanie per arrivare (forse) ad essere pubblicata e quindi entrare nel gioco stocastico della distribuzione e della decisione di acquisto del supporto.

Detto in altre parole, ogni individuo è libero di determinare autonomamente ciò che considera di qualità, in base alla sua sensibilità, alla sua cultura e ai registri che è in grado di comprendere. Tanto che, per esaltarne il valore relativo, si comincia a parlare di «pertinenza».

Pubblicazione

Qualche purista della cultura storcerà il naso di fronte all'interpretazione del bene culturale come soggiacente a regole di mercato. In realtà vanno fatte due considerazioni a corredo: *a*) la metafora del mercato (anche laddove, come nei network, la conoscenza circola soprattutto liberamente) serve a spiegare il consenso ottenuto attraverso le interazioni di *n* individui; *b*) sebbene nel modello tradizionale i puristi riconoscano come «qualità» una cultura alta (quella che non vende come *Harry Potter*, non passa in tv e rimane generalmente tra gli addetti ai lavori), si tratta di un finto problema. Nei network c'è molta produzione di cultura alta e altrettanta produzione di ricerca. Come nel sistema tradizionale, vi sono i lettori che la cercano e che le danno consenso. È assolutamente nella logica delle cose.

Il consenso, nelle reti, è la misura dell'accessibilità della conoscenza. Dal «punto Google» in poi il Web ha cominciato ad affermare quello che attualmente è il suo principio di accesso alle informazioni e quindi alla cultura: maggiore è il numero di link che puntano a un testo, maggiori saranno le possibilità di trovarlo. È vero dunque che la pubblicazione nella società digitale non aggiunge alcun attributo di qualità a un prodotto intellettuale, ma è falso che questo produca solo spazzatura e che metta sullo stesso piano un *paper* scientifico e un racconto autobiografico della prima colazione. In mezzo, c'è tutta una produzione culturale che rispecchia registri e interessi di milioni di persone. La novità non è che non vi sia più «qualità assoluta», quanto piuttosto che oggi abbiamo un sistema in cui ciascuno può cercare, trovare e persino produrre la propria.

Se ci pensiamo bene, non è cambiato il principio (il purista di cui sopra avrebbe storto il naso anche di fronte alle trasmissioni della D'Eusanio, ai libri di Totti o ai romanzi editati dall'autore e regalati con obbligo di lettura ad amici e parenti). Ancora una volta: è cambiata la scala. E sono aumentate le possibilità.

Alcuni diritti riservati

Sebbene l'iniziale utopia di Internet partisse dal presupposto che tutti i nodi sono uguali, oggi grazie agli studi dei fisici che si interessano alla Teoria delle reti (ma anche grazie all'osservazione empirica) sappiamo che alcuni nodi (gli hub) hanno maggiori connessioni di altri e che i link sono la misura della capacità di distribuzione dei contenuti.

In un simile modello, la reputazione di un testo[1] (e

[1] Continuo ad usare i testi come esempio, ma è chiaro che la stes-

quindi la sua diffusione) dipende principalmente dalle persone che sulle proprie pagine impostano collegamenti al contenuto originale o che lo ridistribuiscono attraverso i weblog o i feed RSS, o persino attraverso i sistemi di file sharing. Questa constatazione funzionale (non teorica né filosofica) sta affermando la logica che porta a tutelare solo alcuni diritti e non «tutti i diritti». Le licenze Creative Commons[2] (un altro problema di autorganizzazione che i network stanno risolvendo su base consensuale) permettono di selezionare tra diverse opzioni di tutela dell'autorialità e sono oggi la formula più diffusa in Rete.

Non ha senso misurare il successo di un sito attraverso i «contatti» o il numero di pagine viste in un giorno, perché un meme, un testo, un video possono raggiungere migliaia di altre persone solo se ripubblicati da altri. In fondo è simile alla logica che già adottavano i quotidiani per calcolare la diffusione in termini di lettori raggiunti come valore diverso dalle copie vendute. La ridistribuzione nei network va incentivata, non fermata: persino il «Wall Street Journal», fino a poco fa un'oasi reazionaria che non consentiva nemmeno i link ai propri contenuti online, ha capitolato aprendo alla discussione dei blogger articoli prima a pagamento.

Proteggere in maniera rigida il copyright nella società digitale, da questo punto di vista, equivale alla miopia di chi non manda un testo all'editore che potrebbe pubblicarglielo per paura che glielo rubi. O alla scelta, vagamente masochista, di rinunciare alla distribuzione sperando che la gente venga a leggere i nostri libri a casa nostra.

sa logica si applica a tutte le informazioni e a tutti i prodotti audio, video e software distribuiti in Rete.

[2] Le licenze Creative Commons sono state concepite per consentire, a diversi livelli, la circolazione dei prodotti intellettuali. Cfr. http://www.creativecommons.it/

Autorevolezza

Anche la crisi dell'autorevolezza, che qualcuno sostiene di vedere nel fatto stesso che milioni di persone hanno un canale di espressione pubblico, è un finto problema. Nessuno ha smesso di provare ad orientarsi nelle informazioni partendo dalla valutazione di chi le propone. Semplicemente, è aumentata la scala in cui questo avviene.

Nel modello tradizionale, l'autorevolezza era un attributo del medium. C'era una sorta di gerarchia in cui lo scrittore era «aspirante» se non aveva pubblicato, «patetico» se aveva autopubblicato il suo libro, «sospeso» se aveva un editore semisconosciuto e, finalmente, «scrittore» se aveva un editore famoso. Persino tra i professori o tra i cuochi era «più professore» o «più chef» chi appariva in tv o chi veniva invitato a commentare la realtà su un quotidiano. La scelta, il giudizio che precedeva la pubblicazione, imponeva il suo *karma*. Il consenso sulle idee rimaneva un criterio, ma non tutte le idee potevano accedere alla possibilità di cercarsi un consenso. C'era qualcuno che le selezionava prima e il lavoro del «consumatore di conoscenza» era molto più facile. L'ha detto la tv. L'ha scritto il «Corriere», ecc.

Oggi la variazione di scala ha imposto a ciascun individuo di costruire una propria interpretazione e di organizzarsi per valutare le informazioni di cui dispone nonché, fatto non secondario, di gestire in prima persona la propria autorevolezza. E in una logica di network ha portato ciascuno di noi a individuare i propri riferimenti. Anche qui, non è cambiato nulla: è solo aumentata la possibilità di scelta e di interazione (qualcuno, non a torto, la chiama libertà di costruirsi un'opinione).

Educazione

Questa grammatica culturale, dicevamo, si diffonde all'interno dei network come in una comunità di pratiche. Si osservano i comportamenti dei propri vicini, si dialoga con loro, si trattiene ciò che si ritiene utile. Tuttavia, oggi, è un processo molto costoso in termini sociali (per difficoltà e tempi di apprendimento dei nuovi arrivati), che potrebbe essere agevolato. Le istituzioni scolastiche tradizionali insegnano a volte a usare l'hardware, ma non la conoscenza che tanti hardware usati per connettere persone possono produrre. A questo punto della Storia, un'accelerazione civile deriverebbe sicuramente dalla diffusione, anche in ambiti educativi tradizionali, di quella che si chiama *information literacy*: a tutti gli effetti un cardine dell'alfabetizzazione di questo inizio di millennio.

La nuova forma di alfabetizzazione, oltre al testo e alle immagini, è quella della navigazione tra le informazioni. La vera alfabetizzazione del domani implica l'abilità di essere il proprio bibliotecario di riferimento – di sapere come navigare attraverso gli spazi confusi e complessi delle informazioni e trovarsi a proprio agio nel farlo.

«Navigare» potrebbe dunque essere la principale forma di alfabetizzazione del XXI secolo e la dimensione successiva del cambiamento riguarda l'apprendimento.

John Seely Brown sostiene che la nostra esperienza tradizionale di apprendimento formale, in una scuola basata sull'autorità e sulle lezioni, è potenzialmente inadeguata. Oggi dobbiamo inevitabilmente confrontarci con un nuovo modo di apprendere che suppone il primato, o la coesistenza dell'apprendimento basato sulla scoperta. Ma, osservando il comportamento dei bambini di fronte alla navigazione tra le informazioni, bisogna anche tener conto della modifica delle forme di ragionamento, che stanno passando dalla tradizionale capacità di astrazione e deduzione al *bricolage*.

Il bricolage, un concetto studiato da Claude Lévi-Strauss più di una generazione fa, si riferisce a fatti concreti. Ha a che fare con la capacità di trovare qualcosa – un oggetto, uno strumento, un pezzo di codice – e di usarlo per costruire qualcosa d'altro che per noi è importante. La nostra capacità di giudizio è un attributo fondamentale per diventare un bricoleur digitale a tutti gli effetti. Ma come costruiamo buoni giudizi? Socialmente, in termini di raccomandazioni che ci fanno le persone di cui ci fidiamo? Cognitivamente, basandoci sull'argomentazione razionale? Sulla base della reputazione di una istituzione?

Quali sono la combinazione di modi e le garanzie che ci conducono a decidere e agire? Con il Web, il mero scopo e la varietà di risorse confondono l'adulto non digitale. Ma i bambini esperti del Web imparano subito a diventare bricoleur[3].

Lettore autore

Esiste molta letteratura che documenta il modo in cui i media e le tecnologie cambiano il nostro modo di pensare[4]. Il passaggio dai quotidiani alla radio, e poi dalla radio alla televisione, ha modificato la nostra visione del mondo e, tra l'altro, ha portato con sé il concetto di «massa», che ha ridisegnato politiche nazionali e mappe geostrategiche. Pochi decenni di televisione hanno favorito cambiamenti inimmaginabili (dalla globalizzazione delle culture alla standardizzazione di simboli e valori all'interno di comunità locali)[5].

Hertha Sturm, una ricercatrice tedesca, studiando l'impatto cognitivo della televisione aveva annotato che la «civiltà televisiva» ha ridotto in maniera drastica l'intervallo tra lo stimolo e la reazione. Al telespettatore, infatti, non viene lasciato tempo sufficiente per integrare con una

[3] J. Seely Brown, *Growing up digital*, in «United States Distance Learning Association Journal», febbraio 2002. L'articolo è disponibile online alla pagina http://www.usdla.org/html/journal/FEB02_Issue/article01.html

[4] Si guardi ad esempio D. de Kerckhove, *Brainframes*, Baskervile, Bologna 1993.

[5] Guardiamo alla diffusione dell'italiano standard in una penisola in cui a pochi chilometri di distanza due cittadini dello stesso Stato potevano non essere in grado di comunicare ed in cui persino nelle scuole dell'obbligo, spesso, l'insegnamento avveniva in dialetto.

necessaria attività cosciente le informazioni che lo bombardano. La Sturm, nel suo *The missing half-second*[6], osservava che lo spettatore è letteralmente trascinato da un'immagine all'altra e non è più in grado di tenere il passo, quindi rinuncia ad una decodifica interiore.

Il «mezzo secondo mancante», come lo definisce la Sturm, è dunque quell'intervallo in cui si realizza la partecipazione dello spettatore alla costruzione di senso del messaggio. È il mezzo secondo in cui *avveniva* la collaborazione comunicativa tra l'intelligenza dell'emittente e quella del ricevente. Il mezzo secondo in cui il lettore di poesia raccoglieva le suggestioni e ricostruiva i nessi logici che, a differenza della prosa, sono inespressi nei versi. La crisi della poesia nella società contemporanea non è una crisi creativa dei poeti, ma una crisi del pubblico di poesia, che non è più disposto a concedere a se stesso il tempo necessario per fruire di un linguaggio di cui non possiede più i canoni.

I network sembrano modificare di nuovo questo scenario. In diverse occasioni Derrick de Kerckhove ha utilizzato il neologismo «screttore» per indicare la partecipazione continua (contemporaneamente da lettore e scrittore) dell'individuo alla costruzione dei messaggi all'interno dei network. Secondo Michael Goldhaber, il teorico dell'economia dell'attenzione, le abilità di comunicazione giocano una parte sostanziale nell'evoluzione dell'*Homo sapiens*, portatrici di volta in volta di un nuovo *status* per la specie. In *The Mentality of Homo Interneticus*[7] lo studioso sottolinea che l'utente della Rete caratterizza il suo approccio cognitivo con la simmetria: siamo sempre pron-

[6] H. Sturm, *The missing half-second*, in G.J. Robinson, *Emotional effects of media: The work of Hertha Sturm*, McGill University, Montreal 1987.

[7] M. Goldhaber, *The Mentality of Homo Interneticus: Some Ongian Postulates*, in http://www.firstmonday.org/issues/issue9_6/goldhaber/index.html

ti a leggere e contemporaneamente a scrivere, interagendo con le informazioni e ricostruendole dopo averle elaborate concettualmente. In questo processo il testo, che diventa materiale per la rielaborazione e non una pubblicazione definitiva, perde «l'ultimo barlume dell'aura di magia e di mistero che aveva a lungo mantenuto, sia per il quasi-analfabeta, sia per il letterato. Sta emergendo una sorta di nuova eguaglianza democratica». E la scrittura, attraverso la tastiera, è sempre più «un atto puramente mentale»[8].

Come annotano i semiologi, sono moltissime le analogie con le idee espresse da Roland Barthes in tempi non sospetti:

questi, venticinque anni prima che si parlasse di Internet, considerava i testi letterari in termini di *reti* a percorsi multipli, formati da porzioni dette *lessìe*, legate tra loro da molteplici principi di connessione: ciò che determinava per lui la trasformazione del lettore in soggetto fortemente attivo, compartecipe della costruzione – infinitamente variabile – di quell'entità fluttuante che chiamiamo *testo* e dunque collocato in rapporto molto più paritario rispetto alla figura tradizionale dell'autore.

Un punto in questo senso di grande interesse riguarda la trasformazione dell'autore, che le nuove tecniche di scrittura tendono a rendere sempre meno riducibile all'idea tradizionale di un individuo che agisce sulla base di un suo pieno progetto personale. La forma ipertestuale di per se stessa non solo consente, ma favorisce varie modalità di collaborazione autoriale: la sua trasposizione in rete moltiplica queste modalità, mostrandoci nei fatti la realtà tutt'altro che teorica di una produzione testuale operata in continuo riferimento e connessione con altri testi, altri percorsi discorsivi, altre logiche e motivazioni espressive. L'ipertesto favorisce così l'affermarsi dell'idea di un *soggetto collettivo*, che si manifesta tramite la produzione di un'infinità di frammenti che compongono un disegno globale di cui nessuno detiene realmente il controllo[9].

[8] *Ibid.*

[9] G. Ferraro, *Internet*, in U. Volli, *Manuale di semiotica*, Laterza, Roma-Bari 2000, pp. 227-228.

Una ricerca intitolata *Generational Media Study*, rilasciata dall'Online Publishers Association nella seconda metà del 2004, conferma ampiamente l'impatto sulla nostra cultura dell'esercizio della lettura/scrittura. Tre giovani americani su quattro utilizzano Internet quotidianamente. E secondo «Wired» si tratta di un dato molto importante, perché il target dai 18 ai 34 anni è centrale per gli editori quanto per gli inserzionisti. «I giovani non sono interessati a leggere quotidiani o riviste stampate. [...] Non dobbiamo però pensare nemmeno per un minuto che non leggano e basta. Al contrario, lo fanno e molti di loro lo fanno voracemente. [...] Ricevono feed RSS sui loro PDA o leggono i blogger di cui condividono i punti di vista. In breve, personalizzano la loro esperienza informativa in un modo in cui i singoli giornali stampati non possono fare. E le loro dita non si sporcano di inchiostro»[10].

È probabilmente troppo presto per intuire come cambieranno i modi e tempi del discorso grazie ai network. Uno degli effetti della comunicazione, contemporaneamente scritta (per la maggior parte) e conversazionale, tuttavia, è il ritorno all'argomentazione. Peppino Ortoleva, docente di storia dei mezzi di comunicazione, suggeriva che anche il testo scientifico (nel caso particolare il lavoro degli storici) deve adeguarsi a una modifica «magari non immediatamente percettibile ma rilevante, dei modelli retorici dominanti»[11].

Gino Roncaglia, uno dei maggiori studiosi italiani dei rapporti tra tecnologia e informazione, rilevava che l'ipertesto è per sua natura una forma favorevole di incontro tra

[10] A.L. Penemberg, *Newspapers Should Really Worry*, in «Wired», 24 novembre 2004. L'articolo è disponibile online alla pagina http://www.wired.com/news/culture/0,1284,65813,00.html

[11] P. Ortoleva, *L'argomentazione storica al tempo degli ipertesti*, in http://lastoria.unipv.it/dossier/ortoleva.htm

argomentazione ed intertestualità[12], resa probabilmente più pressante anche dall'esistenza di una comunicazione bidirezionale. Nella grande conversazione in Rete la semplice espressione di una convinzione non basta o, quanto meno, non è efficace. L'interazione dialogica infatti si arricchisce della prospettiva scritta, della memoria del testo, della possibilità di verifica della linearità della sequenza logica. Non consente più, come in televisione mostrano i politici, la tecnica del cambio di versione per colpire pubblici diversi[13]. Né consente l'utilizzo di tecniche retoriche come lo *straw man argument*, che è probabilmente l'artificio retorico più osservato nei dibattiti televisivi (e persino nella cronaca politica). La «tecnica dello spaventapasseri», infatti, non consiste tanto nel discutere il tema con una costruzione logica, quanto semplicemente nell'utilizzare argomenti destinati a mettere in cattiva luce l'avversario. Ma non può funzionare in un contesto in cui un argomento deve reggere alle obiezioni dei lettori (asincrone e provenienti da molti punti diversi), che sono liberi di emendare, correggere ed integrare il discorso.

[12] G. Roncaglia, *Filosofia e ipertesti: i molti labirinti*, in N. Boccara, G. Platania, *Il buon senso o la ragione. Miscellanea di studi in onore di Giovanni Crapulli*, Sette Città, Viterbo 1997. Si veda anche G. Roncaglia, *Ipertesti e argomentazione*, in http://www.merzweb.com/ipertesti/Ipertesti%20e%20argomentazione.htm

[13] Uno degli effetti della comunicazione televisiva è la considerazione che l'audience sia senza memoria, e che quindi sia possibile comunicare messaggi diversi, anche contradditori, cogliendo pubblici diversi. Cfr. M. Perniola, *Contro la comunicazione*, Einaudi, Torino 2004.

Capitolo 5
MEDIA

> E io, mi spiace, non sono il grande pubblico. Mi sono dimesso da tempo.
>
> *Gaspar Torriero*

Audience

Una delle metafore più interessanti per descrivere i media di massa (in particolare, ma non solo) è sicuramente la clessidra[1], con due aree larghe che si restringono verso la strozzatura centrale. L'area superiore è formata da tutti coloro che sono disponibili a ideare e a predisporre contenuti. Questi soggetti «(come ad esempio la Lega calcio per le partite, un produttore cinematografico per i film, una società di produzione di talk-show, quiz o fiction) devono scendere verso la metà della clessidra e andare là dove il vetro si stringe. Qua ci sono le reti dell'oligopolio, le concessionarie delle frequenze cui i produttori devono proporre i propri contenuti per farli poi irradiare a tutto il pubblico televisivo nazionale»[2]. In basso, naturalmente,

[1] B. Somalvico, *La nuova Babele elettronica*, Il Mulino, Bologna 2003.

[2] M. Buonocore, *In rotta verso la babele elettronica* (intervista a Bruno Somalvico), in http://www.caffeeuropa.it/pensareeuropa/242 somalvico.html

c'è il pubblico generalista che accede ai contenuti e che costruisce la cosiddetta platea per il reale mercato dei media (ovvero la raccolta pubblicitaria). Il pubblico di massa, sebbene segmentato e differenziato per target (attraverso scelte editoriali e palinsesti), è chiamato *audience*. Il concetto di audience, brutalmente, si connota attraverso i colori del consumo, della passività indifferenziata e dell'assenza di connessioni sociali al suo interno.

La digitalizzazione dei contenuti mediatici, che non riguarda solo Internet, è oggi oggetto di molte analisi[3], che tuttavia dipendono in gran parte da variabili tecniche ancora inesplorabili. La larghezza di banda, la capacità dei personal media (telefoni, palmari, computer portatili) di ricevere e riprodurre dati, le connessioni wireless, sono tutte sfide che stanno correndo e che determineranno un assetto mediatico su scenari differenti da paese a paese. In Italia, ad esempio, è prevedibile (a causa delle scelte governative) una maggiore attenzione verso la telefonia cellulare e la tv digitale terrestre, con una penalizzazione del wireless (che pure altrove è considerato un fattore di sviluppo).

Non è una situazione nuova, poiché storicamente gli assetti mediatici sono sempre stati regolamentati dai governi, con effetti che incidevano sulle frequenze televisive come su politiche che, ad esempio, hanno favorito la connettività negli USA e in genere la telefonia in Europa.

Ma, in questo contesto ancora difficile da decifrare, possono essere rintracciati dei processi che governeranno comunque l'ecosistema mediatico. Il primo, evidentemente, è la «personalizzazione», ovvero la necessità di un completamento dei contenuti generalisti che non sono più in grado di soddisfare le esigenze sociali. E il secondo, reso possibile dalla comunicazione a due vie, è la trasformazione dell'audience passiva e misurata statisticamente in un network di individui collegati tra loro, che giudicano i

[3] Per una rapida panoramica si veda F. Pasquali, *I nuovi media*, Carocci, Roma 2003.

contenuti, che pubblicano i giudizi, modificano i contenuti stessi e li ridistribuiscono.

Informazione di massa

Un buon esempio per comprendere questi processi è l'analisi del ruolo dei *news media*, ovvero dei mezzi di informazione tradizionale. Strutturati, nel tempo, sempre più come grandi (e costosi) network, hanno e mantengono un delicatissimo compito sociale: coprire gli avvenimenti nel mondo per offrire una prima informazione.

Tuttavia i loro limiti tecnici (il tempo televisivo non è infinito, lo spazio su un quotidiano nemmeno, ecc.), i costi di produzione e diffusione delle informazioni e, infine, la necessità di rivolgersi a un pubblico indifferenziato (il che decide registri e livelli di approfondimento «medi») hanno trovato un completamento nelle tecnologie digitali e nel lavoro di analisi e approfondimento che i network compiono costantemente (attraverso i weblog, ma ormai non solo). Questa disponibilità parallela ha modificato le aspettative dell'audience dimissionaria. Oggi qualsiasi persona digitalmente alfabetizzata include i media tradizionali tra le sue fonti, ma li accompagna a moltissime altre. Perché ha disponibilità di una scelta di canali informativi ampiamente in grado di soddisfare le proprie preferenze individuali. Questi canali, che lavorano sulle nicchie, sono spesso in grado di aggiungere approfondimenti, expertise, punti di vista e, in molti settori, informazioni non coperte (e non immaginabili) dai media generalisti.

Le implicazioni di questa nuova situazione sono importanti. Innanzitutto, in un processo simile al *bricolage* cognitivo di cui parlava Seely Brown, il rapporto con la conoscenza si personalizza. La selezione personale delle fonti, il costo zero (in termini di impegno e di tempo) per l'assemblamento del quadro generale, sono possibilità garantite dalla tecnologia. Ma il risultato del *bricolage* di milioni di persone perde quella standardizzazione che, pur nel rispetto della personale ricezione individuale, i media di massa garantivano come cornice sociale. Da anni ormai la mia «agenda», come quella di milioni di altre persone, non è più costruita solo dai news media tradizionali.

Tuttavia non si tratta di competizione, ma di «coesistenze del diverso»[4], di un aumento di scala che contempla, anche qui, un aumento delle possibilità, che si radica in una abitudine a un differente rapporto tra individuo e informazione.

Media senza audience

In un regime di scarsità come quello dei media tradizionali, la maggior parte dei contenuti digitali di oggi non avrebbe alcun senso. Nella logica del broadcast (che si realizza sul dualismo emittente/audience) non ci sarebbe ragione di trasmettere ventiquattro ore su ventiquattro le immagini catturate da una webcam puntata su una piazza cittadina, o sul cratere di un vulcano. Né avrebbe senso pubblicare su una rivista trentasei recensioni dello stesso libro, scritte da autori diversi. Eppure oggi l'osservazione empirica dimostra che molte decisioni di acquisto (che sono anche percorsi di lettura) partono proprio dalla comparazione critica di differenti recensioni. L'offerta cambiata ha modificato i criteri di domanda.

I media ad oggi sono stati disegnati attraverso la forma che abbiamo scelto per misurarne la performance. L'Auditel ha determinato la base di dati su cui vengono scelti, prodotti, ripetuti o abbandonati i contenuti della televisione generalista. I network, invece, grazie alla digitalizzazione che consente l'annullamento dei costi e l'ibridazione tra diversi media, si collocano per principio «oltre» il

[4] Ivi, p. 120.

conteggio dei contatti e le statistiche. Si tratta di un passaggio sostanziale, per una serie di ragioni.

La prima è il valore relativo del contenuto. Un articolo su un tema molto specifico (la configurazione di una rete su un dato sistema operativo, la scelta delle esche adatte per un particolare tratto di fiume, una dettagliata speculazione filosofica su un'affermazione di Wittgenstein) non avrebbe mai spazio su un canale di massa. Mentre la sua «semplice disponibilità» in digitale ne consente la consultazione a quel numero di individui per cui ha un grande valore.

Pensiamo semplicemente all'enorme quantità di *papers* scientifici che la comunità accademica (soprattutto anglosassone) ha condiviso nei network e che non avrebbero mai avuto spazio in un sistema tradizionale. Le tecnologie digitali sono, quindi, dei «media sovrani»:

> Il concetto di media sovrani presenta delle analogie con la lettura fornita da Andres Broeckmann del concetto di letteratura minore di Deleuze e Guattari. Entrambi enfatizzano gli aspetti produttivi della mediazione. In ogni caso la differenza è che i media sovrani non si sentono più obbligati a fare dei riferimenti alla «maggioranza» mainstream. L'atto di dichiarare la sovranità della propria trasmissione mediatica si lascia alle spalle polarità dialettiche come grande/piccolo, maggiore/minore, largo/stretto, alternativo/mainstream, e pop/elitario. I media sovrani hanno affermato molto tempo fa la loro dichiarazione di indipendenza e non si preoccupano neanche indirettamente dell'utente medio, della gente normale o del signor Rossi. L'unica funzione dei mass media è produrre materiali grezzi, dati-spazzatura che i produttori di media sovrani possono recuperare liberamente e reinterpretare nei loro cut-up[5].

Sebbene personalmente non concordi nel definire (solo) spazzatura i dati che i media di massa immettono nel-

[5] G. Lovink, *Internet non è il paradiso. Reti sociali e critica della cibercultura*, Apogeo, Milano 2004, p. 185.

l'ecosistema mediatico, la definizione di media sovrani descrive molto bene il processo. In un'ottica più empirica Jeff Jarvis, giornalista e osservatore attento, sintetizza così:

> Davvero, è molto semplice: si tratta di offerta e domanda. Quando la distribuzione era un bene scarso e rendeva le informazioni un bene scarso, è stata favorita la creazione di una classe di professionisti dei media. Adesso che non sono più risorse scarse, l'economia è cambiata. Il mercato è libero. Moltissime informazioni sono gratuite. Ci sono più contenuti a disposizione. E di conseguenza credo vi sia molto più contenuto buono. I media devono dunque ripensare i propri modelli di business, i loro valori e le loro relazioni all'interno del mercato. E credo che sia un bene[6].

Molti media, non multimedia

Uno dei termini più abusati è sicuramente «multimediale», che in fondo è il semplice risultato della convergenza dei diversi tipi di informazione (video, immagini, audio, testo) nella sostanza digitale. Tuttavia definire la comunicazione digitale come «multimediale» non aggiunge informazioni rilevanti e non ci aiuta a comprendere le dinamiche che governano la circolazione dei messaggi. Ancora una volta, è più interessante analizzare i diversi tipi di «utilizzo mediatico» che sono osservabili attraverso la grande infrastruttura garantita dai network.

Il professor Eric Kluitemberg, dell'Università di Amsterdam, in un'analisi distribuita dalla mailing list Net-time individua alcune definizioni interessanti, oltre a quella di media sovrani:

> Nella fase attuale di spiegamento (o penetrazione) radicale di Internet, sono stati fatti vari tentativi per affrontare i termini del-

[6] J. Jarvis, *Revisionist Curmudgeons*, in http://www.buzzmachine.com/index.php/2005/10/24/revisionist-curmudgeons/

le dinamiche sociali degli spazi di comunicazione delle reti. Sembra che la teoria tradizionale dei media non sia in grado di contestualizzare queste dinamiche, dal momento che rimane ancorata a discorsi sui meta livelli dei media e alle strutture di potere (Virilio), iperrealtà (Baudrillard) o a caratteristiche strutturali dei mezzi di comunicazione di massa (McLuhan).

Uno degli errori più grandi degli attuali sforzi di comprensione delle dinamiche sociali dei mezzi di rete è la tendenza a vedere questi media come una semplice estensione del sistema dei mass media. L'idea è diventata più popolare quando Internet si è arricchita di elementi audiovisivi. Le strutture audiovisive interattive, i media in streaming, la musica e i video scaricabili hanno contribuito alla nozione di Internet come evoluzione dei mezzi di comunicazione di massa. Ma questa visione si applica soltanto parzialmente, ed è guidata principalmente da interessi acquisiti dell'industria dei media. Spesso non si riflette sul modo in cui le persone utilizzano realmente la rete[7].

Secondo Kluitemberg l'esame dei network attraverso il modello broadcast e le sue antinomie (emittente/ricevente passivo) non aiuta a comprendere quanto accade in uno «spazio sociale» in cui si ricercano le relazioni attive (anche se a volte ci appaiono «gratuite, inutili, erratiche e persino autistiche»). Ma, dietro gli errori generati dal confronto con il modello tradizionale, ci sono alcuni *pattern* che derivano dal modo in cui milioni di persone utilizzano i network. Innanzitutto quelli che Kluitemberg chiama *Intimate media* (media intimi, spontanei), impossibili nei media tradizionali e caratterizzati da una relazione molto stretta tra i nodi e da una forte attitudine alla comunicazione interpersonale, alla condivisione.

Sono riconoscibili, poi, il modello dei *Social media* (ovvero le aggregazioni sulla base di temi ed interessi), con le sue caratteristiche collaborative, quello dei *Private media*

[7] E. Kluitemberg, *Media without an audience*. Il messaggio è consultabile nell'archivio web della lista Net-time alla pagina http://amsterdam.nettime.org/Lists-Archives/nettime-l-0010/msg00204.html

(porzioni di network regolamentate o ad accesso ristretto) e infine lo schema dei *Phatic media*, che ne rappresenta l'ultima evoluzione.

L'idea del medium fatico, mutuata dalla linguistica, rende perfettamente la caratteristica dei network di comunicare «oltre» la normale semantica, portando valori sociali ed emotivi che superano il semplice scambio di informazioni. È un modello in cui milioni di persone, per usare le parole di Kluitemberg, «creano presenze anche senza lo scopo di comunicare un messaggio».

Questa classificazione, tra l'altro proposta nel 2000, non esaurisce probabilmente il ventaglio di situazioni mediatiche possibili, ma offre una prospettiva sul modo in cui diversi possibili modelli mediatici interagiscono in un ambiente il cui contenuto è soprattutto la relazione tra partecipanti, che contribuisce ogni giorno a ridisegnarne usi e applicazioni.

Capitolo 6
MERCATI

> Questo è un circolo virtuoso, almeno nella prospettiva di chiunque crede che una società che mette in pratica la fiducia e la condivisione sia molto più interessante di una società in cui le persone si trattano con reciproca freddezza.
>
> *Yochai Benkler*

Il mercato dal punto di vista del consumatore

I mercati sono informazioni e relazioni. Pensiamo al modello più semplice, quello che ci racconta di una «domanda» e di una «offerta» che devono incontrarsi, misurarsi e stabilire di conseguenza il prezzo di un bene. Se l'offerta supera la domanda il prezzo sarà più basso, se la domanda eccede l'offerta il prezzo sarà più alto. In questo esempio banale il tipo di informazione che il mercato processa è informazione su se stesso, ovvero la relazione tra chi desidera un bene e chi lo produce, il prezzo che il primo è disposto a pagare e quello che i secondi devono praticare per essere competitivi. Se il flusso di informazione è completo, il mercato può dirsi efficiente o in equilibrio.

Naturalmente la realtà è molto più complessa di così, anche solo guardando alle teorie e ai modelli costruiti prima dei network globali. E la presenza dei network ha rimescolato completamente le carte[1], tanto che un esercito di economisti è al lavoro per cercare di comprendere, descrivere, analizzare, prescrivere, spiegare. Un miliardo di persone che interagisce e fa transazioni, inventando sempre modi nuovi per fare entrambe le cose, non è facile da ridurre a schemi e deduzioni. Ci vorranno forse degli anni per avere un quadro generale completo, almeno dal punto di vista delle teorie economiche, in grado di normalizzare gli enormi effetti di questo inserimento esogeno negli equilibri tradizionali.

Tuttavia, a livello di scenario, alcuni aspetti hanno una portata di maggior interesse sociale, perché coinvolgono momenti importanti della nostra vita quotidiana. Da questo punto di vista, la novità sostanziale che i network introducono è la capacità di trasportare informazioni in maniera bidirezionale, il che significa – banalmente – una modifica sostanziale nei processi di relazione tra produttore e consumatore e tra i consumatori stessi.

Fino a pochi anni fa tutto quello che sapevamo dei prodotti era dovuto in maniera dominante alla pubblicità. In alcuni casi (pensiamo a storiche riviste come «Quattroruote» e «Motociclismo» o alle riviste dedicate al consumo) potevamo accedere a recensioni tecniche o a pareri esperti prima di decidere cosa comprare. Ma laddove il nostro interesse per il bene da acquistare non era radicato in una profonda passione (e quindi non rientrava nel genere delle nostre riviste tematiche preferite) la pubblicità condizionava la scelta. «Eppure – raccontava scherzosa-

[1] Tanto per fare solo un esempio legato al modello che proponevo, l'avvento di Internet (con la sua eccezionale capacità di gestire informazioni) secondo alcuni economisti porta ad un mercato molto più efficiente se si guarda alla formazione dei prezzi. Cfr. E. Brynjolfsson, B. Kahin (a cura di), *Understanding Digital Economy*, The Mit Press, Cambridge 2000.

mente Paolo Valdemarin[2] in una conferenza – siamo cresciuti sapendo che la pubblicità spesso edulcora o mente».

La comunicazione monodirezionale influiva pesantemente sul mercato. Pensiamo ai libri: storicamente potevamo scoprire un romanzo perché ne avevamo letto una recensione su un giornale, perché ce lo aveva consigliato un amico o perché lo avevamo trovato in libreria. Il peso di queste variabili non è identico: tutt'altro. La percentuale di libri recensiti sui media tradizionali è inferiore all'uno per cento del volume di libri pubblicati e i criteri di scelta sono fortemente condizionati dall'influenza degli uffici stampa e dei marchi editoriali. Il posizionamento sugli scaffali in libreria, e quindi la nostra probabilità di trovare un libro, sono un risultato limpido dei rapporti di forza nella distribuzione. Il che ci conduce all'esperienza empirica che tutti abbiamo: entrando in libreria i libri che vediamo meglio sono quelli che sono stati recensiti, e non è una coincidenza. Quanto ai consigli degli amici, fuori dai network, la cerchia è ristretta e non influisce molto quantitativamente (anche se, probabilmente, il passaparola è il miglior criterio qualitativo disponibile).

Per effetto della comunicazione bidirezionale, oggi, i lettori hanno la possibilità di recensire, raccontare e consigliare i libri che leggono (come tutti i prodotti che usano). E questo cambia molte cose.

Consumatori che la raccontano

Sebbene sia poco intuitivo, almeno a prima vista, l'influenza diretta che i network hanno sul mercato non riguarda direttamente le transazioni disintermediate che avvengono all'interno della Rete (il cosiddetto e-commerce). Al contrario, l'impatto più efficace si ottiene nel mercato tradizionale, quello dei negozi e degli scaffali.

[2] http://paolo.evectors.it/italian

Una ricerca condotta da Harris Interactive[3] calcola la percentuale di acquisti online della «generazione Y», i giovani dagli 8 ai 21 anni, una fascia di età molto significativa, poiché sono ragazzi cresciuti con Internet, per i quali il Web è normale come lo è stato per noi il telefono. Il dato, che alcuni trovano rilevante, dice che il 15% dei loro acquisti è fatto in Rete. Ma un altro dato, ancora più interessante, riguarda i venti miliardi di dollari spesi ogni anno per acquistare, nel mondo reale, prodotti scoperti online. Non è sicuramente e-commerce, ma ci spiega con molta semplicità l'impatto della Rete, soprattutto fuori dalla Rete.

Si tratta di dati del 2003, che si riferiscono al 2002 (praticamente il periodo più nero del riflusso dopo la bolla finanziaria della new economy). In questi pochi anni (sempre a causa della Rete «popolata» dai weblog) il vecchio caro commercio elettronico è stato «normalizzato» e fa parte della vita quotidiana di milioni di persone che comprano libri, musica, tecnologia, viaggi aerei e tutto ciò che interessa soprattutto online. È diventato una serie di servizi maturi (dai pagamenti postali all'ebanking, all'agenzia viaggi) e un canale di vendita dai volumi interessanti. L'interesse degli studiosi, oggi, si sta concentrando sull'analisi di come funzionano le dinamiche interne e le parole chiave che dominano sono «reputazione» e «raccomandazione», perché il mercato viene regolato attraverso le informazioni che milioni di utenti mettono quotidianamente in circolo.

Il 14 novembre 2005 la prestigiosa rivista «Forbes» pubblica una storia di copertina intitolata *L'attacco dei blog*. Nell'articolo si raccontano alcuni casi in cui l'opinione dei consumatori, per il fatto stesso di essere pubblica e di essere inserita in un sistema in cui la fiducia sul giu-

[3] Harris Interactive, *YouthPulse*, in http://www.harrisinteractive.com/

dizio degli altri individui è considerata un valore economico, ha finito per danneggiare pesantemente prodotti e aziende.

«I blogger sono una minaccia maggiore di quanto la gente pensi, e stanno per diventare sempre più nocivi. Questa è la nuova realtà» sostiene Peter Blackshaw, capo marketing alla Intelliseek, una società di Cincinnati che setaccia milioni di blog per fornire un servizio di «salva spalle» a 75 clienti, tra cui Procter & Gamble e Ford. «La possibilità che vi sia un danno per il brand è elevata» dice Frank Shaw, vice presidente della compagnia di pubbliche relazioni della Microsoft, Waggener Edstrom. «Ci sono cattive informazioni lì fuori nell'ambiente dei blog, e hai solo poche ore per fronteggiarle e metterle a tacere, specialmente se sono interessanti»[4].

Non si tratta di un grande momento di giornalismo. L'articolo è impreciso, fazioso, a volte persino involontariamente umoristico («Gli odiatori online hanno formidabili alleati che amplificano le loro invettive raggiungendo un'audience di 900 milioni di utenti potenziali: Google, Yahoo! e Microsoft, più un manipolo di altre piattaforme di blogging»). Ma è sicuramente un punto estremo di uno di quei conflitti che la società digitale produce nelle interazioni con le vecchie norme e pratiche della società tradizionale.

In un network che regola l'accesso alla conoscenza sul numero dei link, la potenza di fuoco di milioni di consumatori supera ampiamente la capacità di investimento delle aziende per fare marketing o per curare il branding. Spesso, cercando i prodotti sui motori di ricerca, appaiono prima le recensioni dei singoli utenti e solo dopo i lanci ufficiali delle multinazionali. Che pure tentano la rincorsa utilizzando costosi ed efficaci servizi di posiziona-

[4] D. Lyons, *Attack of the Blogs*, in «Forbes», 14 novembre 2005. L'articolo è disponibile online alla pagina http://www.forbes.com/home/free_forbes/2005/1114/128.html

mento nei search engine (ormai una delle *key application* della comunicazione di mercato online).

Per quanto, raccontata così, possa sembrare una estrema novità nella ripartizione delle forze del mercato, è solo la «digitalizzazione» di alcune dinamiche che per lungo tempo hanno governato le transazioni commerciali. Chrysantos Dellarocas, un ricercatore del MIT, paragona Internet a un grandissimo ed efficace sistema di passaparola, un «word-of-mouth network».

Questi network, secondo Dellarocas,

> sono un'antica soluzione a un problema senza tempo delle organizzazioni sociali: la trasparenza della buona condotta nelle comunità i cui membri hanno un interesse di breve periodo a ingannarsi. L'interesse storico di questi network risiede nella loro capacità di indurre cooperazione senza aver bisogno di costose imposizioni di istituzioni. Prima della definizione delle leggi e dei sistemi centralizzati di formalizzazione dei contratti gestiti dal potere sovrano dello Stato, molte comunità antiche (anche medievali) trovavano nel passaparola la soluzione principale per svolgere l'attività economica e sociale[5].

L'informazione gestita dai network digitali è ovviamente milioni di volte maggiore, più rapida e accessibile in tempi prossimi allo zero. Se un mercante medievale doveva il suo successo alla credibilità che aveva presso i suoi clienti e alla presentazione che questi ne facevano discutendo nelle piazze o nelle taverne, oggi ognuno di noi ha un enorme ventaglio di possibilità per accedere a una enorme banca dati che riguarda praticamente tutti i prodotti sul mercato. Chrystopher Avery, Paul Resnick e Richard Zechauser, nel documentare una loro simulazione su un mercato completamente regolato dalla reputazione, già nel 1999 sostenevano che i giudizi dei consumatori

[5] C. Dellarocas, *The Digitization of Word-of-Mouth: Promise and Challenges of Online Feedback Mechanisms*, in http://ebusiness.mit.edu/research/papers/173_Dellarocas_Word_of_Mouth.pdf

vanno considerati un bene sociale[6]. Oggi la teoria è diventata prassi: chiunque usa Internet, prima di comprare qualcosa si informa sulle esperienze altrui.

Come notava Lyons su «Forbes», non si tratta di una situazione idilliaca, poiché chiunque può dire qualsiasi cosa e, se guardiamo con l'esperienza della società tradizionale, ci manca un mediatore che distingua per noi il grano dalla spiga. Ma se è vero che su Internet si crea facilmente un'identità falsa e quindi si può affermare qualsiasi cosa, non si può ignorare (anche qui) che «in una prospettiva sociale la fiducia è costruita attraverso interazioni ripetute nel tempo, quelle che poi costituiscono i social network»[7]. In altre parole i gruppi, i cluster all'interno della Rete, sono sufficientemente in grado di costruire relazioni reciproche. La scarsa attendibilità delle informazioni in Internet, ovvero il vecchio argomento di chi non possiede alcuna *information literacy*, è banalmente contrastata dalla constatazione che la Rete offre il «testo» (il contenuto informativo) ma anche il «contesto», ovvero lo storico, l'insieme di giudizi che la fonte ha maturato nel tempo. Come dicevamo, attraverso il contesto noi ricreiamo una nostra valutazione sull'attendibilità di chi ci parla, scegliamo e decidiamo.

Di fatto, la reputazione e i processi fiduciari che la governano sono oggi una delle nostre pratiche più consuete nel valutare le decisioni di acquisto[8]. Prima di andare al ci-

[6] C. Avery, P. Resnick, R. Zechauser, *The market for evaluations*, in http://www.si.umich.edu/~presnick/papers/mfe/

[7] S. Ba, *Establishing online trust through a community responsibility system*, in «Decision Support Systems», 31, 3, luglio 2001, pp. 323-336.

[8] Cristiano Castelfranchi e Rino Falcone, due ricercatori del CNR che si occupano di Intelligenza Artificiale, hanno codificato una definizione per il termine «trust» e i processi che conducono alla fiducia e quindi alla reputazione nei sistemi multiagente (MAS). In *Principles of Trust for MAS: Cognitive Anatomy, Social Importance and Quantification* [in http://www.istc.cnr.it/T3/download/Trust-for-MAS.pdf]

nema leggiamo cosa pensano del film i nostri blogger o i nostri critici preferiti, e così via. Ma anche il processo che ci guida nella selezione delle nostri fonti è sottomesso alle stesse regole.

Nel *Manifesto for the Reputation Society*, il ricercatore Hasam Masum e il saggista Yi-Cheng Zhang descrivono chiaramente la logica:

la condivisione di osservazioni ed opinioni costruisce nella nostra mentre un quadro preciso del nostro interlocutore, che potremmo chiamare *l'occhio invisibile*, ovvero la formazione diffusa di reputazioni che accresce la nostra abilità di distinguere il buono dal cattivo. Quando hai accesso all'esperienza degli altri e sai di poterti fidare è come se tu stesso avessi conoscenza diretta di ciò che è accaduto prima, e in questo modo aumenta la base di esperienza che ti aiuta a giudicare e a prendere decisioni. Ma la reputazione accresce anche la pressione sul tuo interlocutore, spingendolo ad essere più responsabile. L'analogia con la *mano invisibile* di Adam Smith non è casuale. Nella teoria di Smith le proprie azioni individuali possono, con incentivi di mercato, pro-

muovono dalla classica definizione di Diego Gambetta, secondo cui la fiducia è la probabilità soggettiva che un individuo compia l'azione che ci stiamo aspettando. Nel caso di prodotti, la fiducia si costruisce su un giudizio di merito (*Competence Belief*: l'oggetto può produrre i risultati che mi attendo), su una predisposizione (*Disposition Belief*: l'oggetto produrrà i risultati che mi attendo), su una dipendenza (*Dependance Belief*: io credo di aver bisogno dell'oggetto) e sulla soddisfazione (*Fulfilment Belief:* io credo che l'oggetto raggiungerà lo scopo). Nel caso, invece, delle interazioni sociali, il giudizio è molto più complesso poiché la fiducia non si basa solo sulle capacità cognitive e pratiche del nostro interlocutore, ma anche sulle sue preferenze, sulle sue motivazioni e sulla sua moralità. In un simile contesto la trasparenza sugli interessi personali è una variabile importante: non per nulla, ad esempio, si considera di maggior valore la valutazione di un consumatore in confronto alla «versione» del produttore. O si considera più attendibile il giudizio di un esperto «di cui ci fidiamo» rispetto a quello di un giornalista dipendente da una organizzazione economica, sottoposta a pressioni dagli uffici stampa e dalla raccolta pubblicitaria. In una società con un tale accesso alle informazioni l'indipendenza è un valore e la trasparenza vale doppio.

durre efficaci comportamenti collettivi. Allo stesso modo, con incentivi di reputazione, piccole azioni locali possono portare a comportamenti generali che supererebbero le aspettative di un ipotetico e cosciente disegnatore di sistemi di reputazione[9].

La coda lunga

C'è una storia, ormai famosa, raccontata da Chris Anderson (*editor in chief* di «Wired»). Nel 1985 Joe Simpson e Simon Yates, due giovani amici con la passione dell'alpinismo, si cimentano in una pericolosa scalata nelle Ande peruviane. Ad un certo punto si verifica un incidente e Joe precipita nel vuoto, rimanendo sospeso grazie al tirante di sicurezza. Dopo aver tentato invano di salvarlo, Simon trancia il cavo e lascia precipitare il compagno. Contro ogni speranza, però, Joe si salva e per scagionare l'amico, criticato ferocemente, scrive un libro intitolato *Touching the Void*. È il 1988. Il volume ottiene qualche buona recensione ma vende pochissimo ed esce in fretta dal mercato.

Dieci anni dopo, un signore di nome Jon Krakauer pubblica *Into Thin Air*, un altro libro dedicato a una tragedia sulle montagne. Il libro di Krakauer ha successo, ma la notizia è un'altra. L'algoritmo di Amazon nota che i due titoli hanno in comune il tema e comincia a proporre *Touching the Void* agli acquirenti di *Into Thin Air*. In pochissimo tempo il libro di Simpson comincia a vendere più di quello di Krakauer, viene ristampato ed entra nelle liste dei bestseller del «New York Times». Nel giro di alcuni mesi viene girato anche un documentario che racconta la storia dei due amici.

Secondo Anderson, si tratta di un esempio lampante per descrivere ciò che avviene nei mercati quando si supera la «dittatura dello scaffale» e quando aumentano le pos-

[9] H. Masum, Y.-C. Zhang, *Manifesto for the Reputation Society*, in http://www.firstmonday.org/issues/issue9_7/masum/

sibilità di relazione tra un prodotto e i suoi potenziali consumatori. Utilizzando la «Teoria della coda lunga» (che si richiama alle leggi della distribuzione elaborate da Pareto[10]) è possibile descrivere il mercato come una curva: osserviamo il grafico, assumendo che incroci *popolarità* (potenziale di vendita) e numero di titoli disponibili. In una libreria tradizionale avremmo potuto acquistare tutti i libri dell'area più scura, ma un testo fuori catalogo, come *Touching the Void*, sarebbe rimasto confinato nell'area più chiara. Ne deriva che la possibilità di «essere trovato» determina il successo di un libro, ma anche la decisione di acquisto del lettore.

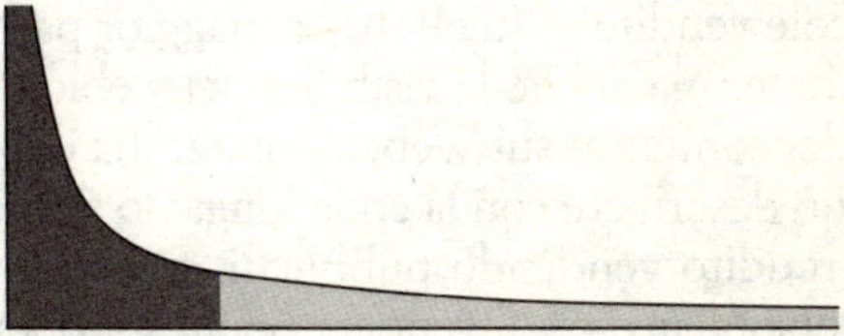

In Rete invece, per dirla con Anderson, accade che «improvvisamente la popolarità non ha più il monopolio dei profitti». I cataloghi musicali online vendono mediamente tutti i titoli che non sono considerati bestseller e le librerie online smentiscono la teoria secondo cui per la maggior parte dei libri non c'è domanda.

Robbie Vann-Adibé, direttore generale di *Ecast*[11], sostiene che, su un catalogo di 10.000 brani, almeno il 99% è richiesto dal pubblico: «ogni mese migliaia di persone mettono il loro denaro in canzoni che un normale juke box non conterrebbe». Si sta imparando a capire che vendere solo due copie al mese di migliaia di titoli è più redditizio

[10] Vilfredo Pareto, economista italiano, all'inizio del secolo scorso elaborò le sue «leggi della distribuzione» del reddito, calcolando che l'80% del reddito si concentrava nelle mani del 20% degli individui.
[11] http://www.ecast.com

che vendere migliaia di copie di pochi titoli. La coda lunga rende di più.

«Una libreria di Barnes & Noble dispone in media di 130.000 titoli», racconta Anderson[12]. «Ma su Amazon più della metà del fatturato non riguarda questi 130.000 titoli di punta. Consideriamo le implicazioni: se le statistiche di vendita di Amazon ci indicano qualcosa, il mercato dei libri che non sono in vendita in una normale libreria è maggiore del mercato di quelli che invece sono disponibili. In altre parole, il mercato potenziale potrebbe essere il doppio di quello attuale, se solo superassimo la logica della scarsità[13]. Come spiega Kevin Laws, *venture capitalist* e consulente dell'industria musicale: 'il reddito più alto è nelle piccole vendite'». In effetti, la maggior parte dei business in Rete (ma anche la visibilità dei weblog, la distribuzione dei contenuti sul Web, la topografia dei network, ecc.) si può descrivere con la coda lunga: lo stesso Google produce reddito vendendo pubblicità a costi bassi a milioni di persone invece di vendere pochi spazi a prezzi alti a inserzionisti importanti. Tutti i modelli che funzionano, nei network, da eBay a Netfix, ad Audible[14] e iTunes, funzionano secondo queste regole. Di fatto, la coda lunga racconta il mercato in cui i costi di informazione sono bas-

[12] C. Anderson, *The Long Tail*, in «Wired Magazine», ottobre 2004. L'articolo è disponibile online alla pagina http://www.wired.com/wired/archive/12.10/tail.html

[13] Non tutti gli osservatori, pur condividendo l'analisi, concordano con la conclusione di Anderson sul mercato che potrebbe raddoppiare il proprio volume. Secondo David Jackson, analista di mercato, «le vendite di libri negli Stati Uniti sono rimaste a lungo stagnanti, nonostante la crescita di Amazon e la possibilità di acquistare milioni di titoli. Se la 'coda lunga' avesse aumentato la domanda, l'intero mercato avrebbe dovuto crescere in maniera consistente. Ma non è stato così. Probabilmente l'effetto 'coda lunga' sui libri ha prodotto un forte fenomeno di sostituzione e solo una piccola crescita nella domanda». Cfr. D. Jackson, *Competition and The Long Tail*, in http://internetstockblog.com/article/1175

[14] http://www.audible.com

si e la scelta di prodotti non è limitata alla disponibilità in uno scaffale e quindi il canale di distribuzione è sufficientemente ampio.

Al di là della mera considerazione economica, la Teoria della coda lunga spiega benissimo una logica sociale della Rete: le preferenze minoritarie hanno uguale dignità di quelle dominanti. È la realizzazione pratica di una coesistenza, oggi finalmente possibile, di un ecosistema di diversità che smentisce il racconto di quella che alcuni chiamano monocultura. Se la «monocultura» è una convergenza (statistica), un modello culturale semplificato, i network sono l'affermazione di preferenze individuali che reclamano i propri diritti e se li guadagnano sul campo.

La coda lunga, se guardiamo al mercato, ci rivela la verità su ciò che i consumatori desiderano e su come lo desiderano, al di là delle previsioni di vendita che riducono le opportunità. Culturalmente, lo schema si manifesta nella produzione (e nel consumo) di contenuti che pur essendo minoritari trovano un loro pubblico e giustificano la loro esistenza e, come dicevamo per l'informazione, abdicano al concetto di massa in favore di quello di «nicchia». Politicamente, come suggerisce Arnold Kling, un ricercatore del MIT, «La coda lunga non è un centro d'opinione, né un nuovo partito che sta per formarsi. Non è una coalizione, né una maggioranza silenziosa. È semplicemente ogni tipo di convinzione politica che non coincide con la visione dei maggiori partiti»[15]. E che esprime le proprie idee.

Consumatori che producono

Nella società dei network ogni singolo punto (che sia un gruppo o un individuo) assume una centralità all'interno

[15] A. Kling, *Incumbent Politicians vs. the Long Tail*, in http://techcentralstation.com/082305A.html

di tutti i processi. Sono stati creati molti neologismi per trovare un sostituto al concetto di «utente medio», in funzione dei diversi ambiti di analisi. Avevamo già annotato «screttore», ma si parla anche di *transceiver* (crasi di *transmitter* e *receiver*) per descrivere l'individuo nel modello mediatico a due vie, o di *prosumer* (da *producer* e *consumer*) per indicare l'individuo che produce e consuma informazioni.

Il termine «prosumer» in realtà esiste da oltre vent'anni: fu inventato dal futurologo Alvin Toffler, nel suo libro intitolato *The third wave*. Il termine indica oggi diverse cose, dal comportamento attivo del consumatore che contribuisce allo sviluppo del prodotto (soprattutto grazie ai feedback pubblici) fino alla sua partecipazione nel processo di personalizzazione del bene che acquista, disegnato sempre più su misura. Alcuni studiosi hanno parlato in questo caso di *mass-customization* per descrivere un mercato in cui ciascun individuo è una nicchia di per sé. Esiste oggi anche una categoria di prodotti tecnologici prosumer (in genere hardware per la realizzazione di prodotti culturali) dedicati a chi vuole ad esempio realizzare video di ottima qualità ma non può permettersi l'acquisto di una videocamera professionale. In tal caso si può leggere prosumer come incontro tra *professional* e *consumer*. Infine, tanto per continuare a collezionare le definizioni dei network basate sulla parola «media», si parla anche di *prosumer media*.

Al di là dei termini, il rapporto dell'ex consumatore passivo con la produzione può essere letto a più livelli. Il primo, più evidente, riguarda il ruolo di rimediatore continuo che ne fa un artigiano della conoscenza i cui prodotti sono quelli che fino a qualche anno fa abbiamo semplicemente considerato propri dell'industria culturale e che oggi, dopo la digitalizzazione, si sono svincolati dal supporto che li rendeva «prodotti industriali». Non a caso ciò che le leggi hanno sempre tutelato è stata la loro introduzione nel mondo fisico (ovvero la riproduzione) piuttosto che il loro contenuto culturale. Oggi i network lavorano sia sulla produzione, per il solito discorso dell'abbattimento dei costi, sia sulla distribuzione (che riescono a gestire in maniera più efficace del modello industriale).

Si tratta di un passaggio importante che tocca elementi sensibili della cultura:

> Sia in Italia che fuori, per «storia della cultura» si intende ancora normalmente storia della produzione di cultura alta o storia degli intellettuali: quindi storia della letteratura, dell'arte, del pensiero, ecc. Questi generi di storia culturale continueranno naturalmente ad essere validi, ma bisogna riconoscere che trattano in fondo di una parte esigua della complessiva realtà culturale di un paese. Di fianco alla produzione di cultura alta, corrono, come fiumi molto più grandi, due altre storie che vengono spesso trascurate o considerate come secondarie, ma che sono essenziali per chi voglia conoscere realmente la storia culturale, e cioè da una parte quella della produzione di cultura media e bassa, dalla letteratura di consumo al cinema ai programmi radio e televisivi, e dall'altra quella della distribuzione e della ricezione dei prodotti culturali[16].

Il secondo aspetto riguarda la configurazione di un nuovo mercato (e di un nuovo modello di produzione) basato sulla condivisione e sullo scambio, che si colloca accanto a quello dei prezzi, tipico della produzione industriale o terziaria, e a quello statale. Yokai Benkler, docente all'Università di Yale, dopo molti anni di ricerca sugli approcci collaborativi al *management* delle risorse nei network digitali, ha rilevato alcuni aspetti molto interessanti studiando i modelli di funzionamento dei progetti come seti@home o genome@home[17] e di iniziative come il

[16] D. Forgacs, *L'industrializzazione della cultura italiana (1880-2000)*, Il Mulino, Bologna 2000, p. 7.

[17] http://genomeathome.stanford.edu/ usa la logica del processore distribuito che avevamo illustrato per seti@home con l'obiettivo di ottenere potenza di calcolo per la ricerca genetica.

carpooling[18]. Entrambi i modelli sono gestiti attraverso le relazioni sociali e l'etica della condivisione, e gestiscono risorse facendo a meno dei sistemi di prezzo.

Il primo aspetto che Benkler considera è la disponibilità di un tipo particolare di bene, che definisce «condivisibile». Un esempio sono i computer (che acquistiamo con una predeterminata capacità di calcolo anche se ne utilizziamo solo una parte) e le automobili (che vengono fornite con un numero di posti indipendentemente dalle nostre esigenze). Altri esempi evidenti possono essere i libri[19] e le case[20].

Per le loro caratteristiche di funzionamento questi prodotti non hanno costi di condivisione attraverso un modello sociale, mentre ne avrebbero attraverso un sistema di prezzi[21]. Infine, se collocato in un «secondo mercato» (o mercato di nicchia) il beneficio economico che deriverebbe dalla vendita del surplus di prestazioni potrebbe essere molto limitato per l'individuo ed avrebbe un valore inferiore rispetto a quello della reciprocità e delle relazioni. I mercati secondari e i sistemi di *social sharing* sono dunque ambienti alternativi per trasferire l'eccesso di capacità dei beni condivisibili, ma i secondi, a determinate condizioni, sono molto più efficaci. Ad esempio, quando l'ec-

[18] Il *carpooling* è una pratica di condivisione autorganizzata dei posti auto molto in voga tra i pendolari negli Stati Uniti. È di fatto il secondo vettore di trasporti, dopo l'utilizzo individuale dell'autovettura e prima dei trasporti pubblici.

[19] Una volta comprati e letti, possono essere riletti infinite altre volte e generalmente nessun individuo non ossessivo lo fa. La condivisibilità dei libri è gestita dallo Stato (biblioteche) e dai mercati (libri di seconda mano), ma anche socialmente (scambio e prestito con gli amici).

[20] Anche per le case, oltre agli affitti (mercato) esistono pratiche di *social sharing*: si pensi alle organizzazioni che gestiscono lo scambio di appartamenti per periodi limitati.

[21] In tal caso i costi deriverebbero dalle burocrazie e dal controllo dell'accesso stesso alla condivisione, che andrebbe limitato ai soli paganti.

cesso di tecnologia risulta distribuito in maniera molto ampia in una serie di piccolissime quantità. Che unendo socialmente la capacità di calcolo dei propri computer riescono a superare le prestazioni dei più potenti e costosi supercomputer al mondo.

Benkler, esaminando complessi incroci di costi di transazione e valutazioni sulle motivazioni dei comportamenti sociali, conclude affermando che il *social sharing* è una modalità di «produzione economica» pervasiva, intendendo per «produzione» la fornitura di beni e servizi che abbiano un valore e per «pervasiva» il risultato dell'approccio distribuito. Esempi di questa produzione sono oggi i contenuti e i servizi erogati da moltissimi siti web (da eBay a Wikipedia), il software open source (su cui gira attualmente il 60% dei web server, inclusi quelli di aziende importanti come Google e Amazon) o la «distribuzione» della maggior parte della produzione culturale dei nostri tempi. Ma vale la pena di riportare la lunga, e prescrittiva, conclusione di Benkler:

> L'importanza della produzione sociale e dello *sharing* come fenomeno economico deriva dalla tecnologia. In particolar modo la forma di *sharing* che notiamo oggi nella produzione di informazioni e di comunicazione – una cooperazione relativamente impersonale, focalizzata su progetti o funzioni e radicalmente decentralizzata – dipende dai requisiti fisici e dal capitale tecnologico disponibile e finalizzato all'azione effettiva. Da quando i costi di acquisto sono diminuiti e l'accesso a beni rilevanti è divenuto largamente diffuso nelle economie avanzate, la spinta verso la condivisione come modalità di produzione ha guadagnato peso. Non tutto è ancora chiarissimo. Sono necessari enormi sforzi di ricerca avanzata sulle dinamiche del *social sharing* e dei sisteni di scambio, da focalizzare non tanto sulle loro caratteristiche sociali quanto sulle loro configurazioni come ambienti transazionali e modelli di produzione economici. L'antropologia del dono e la letteratura antropologica sull'economia, la sociologia e l'economia della reciprocità, la letteratura sui regimi di proprietà collettiva sembrano fonti preziose per ulteriori esplorazioni su questi modelli di cooperazione.

In ogni caso è fondamentale comprendere questo cambiamento importante nelle modalità di produzione all'interno dell'economia digitale. Ci troviamo spesso a porci domande politiche e progettuali che suppongono che il ruolo della produzione di mercato sia fisso invece che contingente tecnologicamente. In molti contesti osserviamo scelte politiche e intuizioni di design che, pur muovendo da appropriate considerazioni sui requisiti di capitale delle economie industriali, cercano di forzare il comportamento dell'economia dei network all'interno di schemi comportamentali e di mercato che erano adeguati a una fase oggi superata. Per essere in linea con le nuove modalità di produzione sociale, dobbiamo quindi imparare a modificare le nostre aspettative, i nostri assunti e, infine, le prescrizioni politiche[22].

Consumatori che distribuiscono

Uno dei nodi più scottanti nella dialettica tra modello industriale e realtà digitale riguarda dunque i beni condivisibili più facili da condividere, i prodotti culturali digitalizzati e distribuiti. È uno scontro combattuto con le armi della tutela del diritto d'autore, per garantire in realtà l'industria della produzione e della distribuzione dei supporti.

Se tutto indica, come dicevamo, che non è uno scontro reale poiché non è pensabile l'ipotesi di fermare un processo così radicato di condivisione culturale, dal punto di vista del mercato l'osservazione di questo fenomeno va paradossalmente contro le prime aspettative dei sostenitori della linea dura. «Persino la Recording Industry Association of America (RIAA) – racconta Felix Oberholzer-Gee, professore alla Business School di Harvard – adesso sostiene che il file sharing non è 'l'unico fattore, insieme alle condizioni economiche e alle forme di competizione dell'intrattenimento, che sta rimpiazzando le vendite leci-

[22] Y. Benkler, *Sharing nicely: on shareable goods and the emergence of sharing as a modality of economic production*, in «The Yale Law Journal», vol. 114, 2004, pp. 273-358.

te'. Il settore sta ripensando alla propria posizione, sebbene il cambiamento avvenga lentamente»[23].

Oberholzer-Gee, insieme a Koleman Strumpf dell'Università del North Carolina, ha studiato gli impatti del *file sharing* sulla vendita della musica negli Stati Uniti. Le conclusioni sono interessanti: molti degli utenti che utilizzano il *peer to peer* per scambiare musica non sono mai stati acquirenti di musica motivati. Non avrebbero comunque comprato CD, quindi il loro accesso alla musica non danneggia le vendite. Gli altri accedono a una forma di consumo mirata (scaricando brani precisi, non intere opere, come se ascoltassero la radio) e in seguito acquistano la musica dopo averla «provata». I dati confermano l'analisi: nonostante la RIAA insista nelle azioni legali, il *peer to peer* cresce esponenzialmente, ma le vendite cominciano a salire e le stesse *major* aumentano le loro attività di incentivo alla vendita della musica online. Il *peer to peer* è una forma economica ed efficace di promozione della musica.

Se abbiamo ragione nel sostenere che il downloading ha pochi effetti sulla vendita di musica, possiamo pensare che il file sharing sia una forma di welfare. Gli spostamenti dalle vendite ai download sono semplici trasferimenti tra società e consumatori. E mentre abbiamo sostenuto che il file sharing impone piccoli costi dinamici in termini di produzione futura, va considerato anche che ha incrementato considerevolmente il consumo di musica registrata. Il file sharing abbassa i costi e consente ad un numero apparentemente vasto di individui di godere della musica. La semplice enorme scala di questa attività, i miliardi di brani che vengono scaricati ogni anno, suggeriscono che il valore sociale aggiunto dal file sharing sia abbastanza grande[24].

[23] S. Silverthorne, *Music downloads: pirates - or customers?*, in http://hbswk.hbs.edu/item.jhtml?id=4206&t=innovation

[24] F. Oberholzer-Gee, K. Strumpf, *The Effect of File Sharing on Record Sales. An Empirical Analysis*, in http://www.unc.edu/~cigar/papers/FileSharing_March2004.pdf

Gli stessi dirigenti delle multinazionali ammettono, come ad esempio i dirigenti di EMI Music, di aver avuto bisogno di prendere tempo, con assurde battaglie legali durante lo scorso triennio, per adattarsi al cambiamento. E non è stata una scelta felicissima: «proprio questo svilimento del diritto a fini di guerriglia industriale ha causato, a partire dagli Stati Uniti, le reazioni furibonde delle più prestigiose facoltà giuridiche, e templi della dottrina come Harvard e Stanford sono divenuti la sede operativa di progetti come Creative Commons, che è tra l'altro finanziato dalla rispettabilissima Fondazione Hewlett (uno dei fondatori di HP)»[25].

La stessa tendenza è riscontrabile per i libri. Titoli come *Cultura Libera* di Lessig, *We the Media* di Gillmor (o i manuali Internet curati da Gino Roncaglia e Marco Calvo per Laterza) non hanno accusato alcuna flessione delle vendite nonostante siano stati diffusi gratuitamente online.

Perché gli autori dovrebbero partecipare a questa procedura per l'abbandono del controllo totale? Alcuni lo fanno per diffondere meglio i propri materiali. Cory Doctorow, per esempio, è uno scrittore di fantascienza. Il suo primo romanzo, *Down and Out in the Magic Kingdom*, è stato distribuito gratuitamente online con una licenza Creative Commons, lo stesso giorno in cui è stato messo in vendita in libreria.

Perché una casa editrice dovrebbe essere d'accordo con una simile iniziativa? Ho il sospetto che il suo editore abbia ragionato così: ci sono due gruppi di persone: 1) quelle che compreranno comunque il libro di Cory, indipendentemente dalla sua presenza su Internet, e 2) quelli che non saprebbero mai nulla del libro se esso non fosse disponibile gratuitamente su Internet. Qualcuno appartenente al gruppo 1 scaricherà il libro di Cory anziché acquistarlo. Chiamiamoli 1-cattivi. Alcuni che fanno parte del gruppo 2 lo scaricheranno, lo troveranno bello e decideranno di comprarlo. Chiamiamoli 2-buoni. Se i 2-buoni sono

[25] M. Andreozzi, *Le major hanno trovato il nemico: loro stesse*, in «Internet Pro», maggio 2005.

più numerosi degli 1-cattivi, la strategia di diffondere gratuitamente online il libro di Cory probabilmente *ne farà aumentare* le vendite in libreria.

L'esperienza dell'editore ha portato chiaramente a quest'ultima conclusione. La prima tiratura è andata esaurita mesi prima di quanto fosse stato previsto[26].

[26] L. Lessig, *Cultura libera*, Apogeo, Milano 2005, p. 260.

Capitolo 7

INDIVIDUI

> Interagendo con diverse comunità,
> gli individui che animano lo spazio
> del sapere, lungi dall'essere membri
> intercambiabili di caste immutabili, sono
> al contempo singolari, molteplici, nomadi
> e in perenne metamorfosi
> (o apprendimento, il che è lo stesso).
>
> *Pierre Lévy*

Locale digitale

Da qualche parte, a Princeton, passeggia un signore di una certa età (è nato nel 1926) cui io devo molto, pur non conoscendolo di persona. I suoi libri, dagli anni Ottanta in poi, hanno sempre avuto la caratteristica di aprirmi prospettive nuove di riflessione e di fornirmi tantissimi stimoli. Questo signore, che si occupa di «interpretazione di culture», si chiama Clifford Geertz e verso la fine degli anni Novanta ha scritto un libricino intitolato *Mondo globale, mondi locali*[1] in cui sostiene una tesi molto interessante: la geografia politica e la ripartizione in Stati nazionali

[1] C. Geertz, *Mondo globale, mondi locali. Cultura e politica alla fine del ventesimo secolo*, Il Mulino, Bologna 1999.

sono una finzione analitica che oggi vale molto meno di quanto valesse cinquant'anni fa.

La globalizzazione, l'attuale frammentazione politica (nella prima metà del secolo scorso un numero limitato di Stati occupava la maggioranza del mondo in una prospettiva coloniale), la mobilità degli individui «tra» le culture e le nazioni sono solo alcune cause convergenti. Molti concetti tradizionali, come quello di conflitti etnici che siamo abitutati ad attribuire al terzo mondo, sono oggi applicabili localmente ai conflitti della *banlieue* francese, all'intolleranza tedesca nei confronti della popolazione turca, alle presenze islamiche nelle grandi metropoli occidentali.

Secondo Geertz esistono ormai pochi Stati (si contano sulle dita di una mano) che possono identificarsi con «società culturalmente solidali», con un preciso sistema di valori su cui c'è effettivamente consenso. Oggi il problema si può analizzare soprattutto a livello di identità, che ciascuno di noi può cumulare in diversi strati, anche interdipendenti, e che ciascuno di noi utilizza in diversi contesti. Io sono contemporaneamente meridionale, italiano, potentino, europeo, occidentale, eccetera. E ciascuna di queste identità è una forma di partecipazione a una diversa vita collettiva. Visto in questi termini, un paese è solo una cornice narrativa di tipo storico in cui gruppi di individui si aggregano in funzione di interessi religiosi, culturali, economici. Il resto è pura convenzione iconografica degli atlanti geopolitici.

A fronte della frammentazione del nostro mondo, la concezione tesa ad individuare nella cultura – in *una data* cultura, in *questa* cultura – un consenso circa idee di fondo, sentimenti e valori comuni non regge più. Sono invece i rifiuti e le fratture che oggi delineano il paesaggio delle identità collettive. Quale che sia la cosa che definisce un'identità nel capitalismo senza frontiere o nel villaggio globale, non è certo l'armonia profonda su questioni di fondo. È piuttosto qualcosa che assomiglia al ritorno di differenze familiari, all'ostinarsi in scontri e alla residua presenza di minacce – la convinzione che qualsiasi cosa succeda, l'ordine delle differenze sarà mantenuto[2].

I network, attraverso la loro organizzazione e i cluster che si aggregano proprio sul consenso costruito sugli interessi e sui valori, stanno costruendo una forma precisa di società transnazionale. Danah Boyd, una giovane studiosa di comunicazioni mediate (alla School of information dell'Università di Berkeley), ricorda che già dagli esordi del Web si cominciò a sostenere (e a teorizzare) la fine della geografia:

Naturalmente noi oggi sappiamo che questo è assolutamente falso. Ma l'architettura digitale ha alterato in maniera profonda la struttura sociale, favorendo la definizione di legami costruiti sull'interesse, a complemento di quelli che si manifestano geograficamente. Invece di concettualizzare il mondo in termini geografici, è necessario oggi utilizzare modelli di network, per cominciare a capire le interrelazioni tra persone e cultura, per pensare il «locale» in termini di strutture sociali e non in termini di luoghi. E tutto è molto sfumato, poiché i network non hanno contorni ed insiemi precisi. La nostra società è diventata più complessa di un intero ordine di grandezza[3].

Nella società digitale l'individuo dirige la propria attenzione verso ciò che è importante e, concettualmente, ciò che è importante per noi sono le persone cui teniamo e i temi che ci interessano. Nella *digital glocalization* il locale riguarda, dunque, la cultura che sentiamo vicina (in virtù delle nostre motivazioni personali) e i social network, che esprimono le nostre relazioni con le persone che ci coinvolgono affettivamente, culturalmente e professionalmente. In due parole: il nostro spazio pertinente. E, anche

[2] Ivi, p. 62.

[3] D. Boyd, *Why Web2.0 Matters: Preparing for Glocalization*, in http://www.zephoria.org/thoughts/archives/2005/09/05/why_web20_ matte.html

da questo punto di vista, la connessione in rete facilita molto, rispetto al mondo geografico, l'incontro con sensibilità affini alla nostra.

Si tratta, naturalmente, di un aumento di possibilità, non di una sostituzione. La socialità tradizionale, fatta di volti, sorrisi e cene al ristorante non verrà mai minata e abolita come paventavano i futurologi cosmici negli anni Novanta. Piuttosto, il locale digitale è un processo che riguarda lo scambio di conoscenze, la condivisione di preferenze, la formazione delle opinioni. E l'osservazione empirica dimostra che spesso si traduce anche in incontri in presenza e in rapporti stabili[4].

Identità

In una sera invernale, fredda e buia, ricevo una telefonata mentre sto guidando. Rispondo utilizzando l'auricolare e parlo per buoni dieci minuti con una signorina che mi fa delle offerte insostenibili, e irritanti, per cambiare il piano tariffario del mio cellulare. Quando mi accorgo che si tratta di uno scherzo, è solo perché Sergio[5] e Stefania[6] stanno ridendo come pazzi. Ma non sempre va così bene: recentemente, *Striscia la Notizia* ha raccontato la storia di un signore che, giocando sulla sua identità al telefono, cercava di vendere pubblicità su una rivista.

Tutte le forme di comunicazione non basate sulla presenza (pensiamo alle finte lettere che finti esattori mandano ai pensionati) sono utilizzabili in maniera fraudolenta. Ma anche di persona chiunque può dire di essere qualcun

[4] Quasi tutti i gruppi tendono fisiologicamente ad incontrarsi davvero. I raduni dei netgamer o dei programmatori sono gli esempi storici più evidenti, ma non sono gli unici. Il blogging è diventato una forma di relazione interpersonale che si concretizza sempre più spesso in incontri, cene, manifestazioni, ecc.

[5] http://www.sergiomaistrello.it

[6] http://perlesdepluie.splinder.com

altro. Se è bravo, ci crediamo. Eppure la cosiddetta «capacità mimetica» dei network è sempre stata considerata un suo limite peculiare, tanto che una famosa vignetta del «New Yorker» (che raffigura due cani davanti a un computer, con uno che dice all'altro: «Su Internet nessuno sa che sei un cane») è diventata uno dei memi più citati in assoluto, in rete e fuori.

In realtà nei network la questione delle identità è più complessa da analizzare, perché si manifesta a diversi livelli e in differenti contesti. Secondo l'economista Edward Castronova, che studia da anni gli universi persistenti, l'*avatar* (parola che in sanscrito identificava le forme terrene di Visnù) è una rappresentazione di se stessi in un dato ambiente, fisico o virtuale, ed è il risultato di una naturale tendenza umana a impersonare se stessi in diversi contesti, che possiamo far risalire fino al Moksha-Patanu, un gioco databile al 200 a.C.[7]. Se ci facciamo caso, senza andare troppo indietro nella letteratura, possiamo osservarne alcune forme: Pessoa aveva i suoi eteronimi e Machado i suoi professori apocrifi. Ma tornando alle analisi di Castronova, è importante rilevare che la scelta di dedicare tempo a un mondo, piuttosto che all'altro, dipende dalle condizioni di realizzazione e di soddisfazione, ma anche di apprendimento e crescita personale che esso offre[8].

La spinta motivazionale è tuttora oggetto di studio (e spesso di speculazione teatrale) da parte di molti psicologi, soprattutto in alcuni ambienti particolarmente deregolati (molti forum, i network di chat IRC), ma è diventata un criterio normativo nel disegno delle applicazioni e dei cluster che nei network funzionano bene. Una delle leve che normalmente viene adottata per far funzionare le costituzioni dei gruppi riguarda proprio il costo di cambio-

[7] E. Castronova, *On Virtual Economies*, in http://papers.ssrn.com/sol3/papers.cfm?abstract_id=338500

[8] E. Castronova, *Theory of Avatar*, in http://ideas.repec.org/p/ces/ceswps/_863.html

identità. Su eBay è relativamente alto, poiché se un venditore (o compratore) riparte da zero non avrà feedback storici e quindi risulterà una incognita per chi comincia a fare transazioni con lui. Nei mondi persistenti una nuova identità riparte dal livello base di crescita del personaggio (e di ruolo sociale), nei weblog implica il riavvio della costruzione della reputazione per acquisire link e quindi avere maggiori *chances* di essere letti. Nei forum, al contrario, se un nickname cambia identità, non viene penalizzato da un modello che si limita a dare visibilità in maniera identica a tutti i partecipanti. Laddove i costi di «mutazione» sono alti, la reputazione si attiva come forma di controllo e stimolo al rispetto delle norme sociali. Dove invece le applicazioni non sono progettate per considerare questo aspetto, il gioco delle identità crea situazioni sociali instabili e genera diffidenza. Mentre quando il controllo sociale è percepito, la stabilità è normalmente un valore.

I blogger parlano spesso dei loro blog perché quelle sono le loro identità, le loro rappresentazioni digitali. Parlano di come il blog dia loro una voce localizzabile e un'identità all'interno di una comunità. Il blog è il volto digitale del blogger nel senso in cui lo avrebbe inteso Goffman, un luogo che mostra tracce delle espressioni passate, rivelando sia ciò che il blogger porta sul palcoscenico sia quanto rimane nel retroscena[9].

Ma ci sono altri due livelli in cui le identità entrano in gioco. Il primo è quello delle relazioni che, essendo il vero valore della Rete, sul medio periodo portano anche chi usa un nickname (per esempio in un weblog) a svelarsi. Non ha infatti senso costruire rapporti senza avere una identità che ce li faccia godere e sviluppare. Moltissimi weblog nati sotto nickname continuano ad essere tali, ma

[9] D. Boyd, *Broken Metaphors: Blogging as Liminal Practice*, Media Ecology Conference 2005, University of California, Berkeley. Il *paper* è disponibile alla pagina http://www.danah.org/papers/MEABroken Metaphors.pdf

nel proprio ambiente locale il nickname ha sempre un numero di telefono, un nome e un cognome, una identità precisa che coincide con i dati dell'anagrafe.

Infine c'è il livello della privacy, che è uno dei grandi interrogativi del ventunesimo secolo e che, nei network, si regge su un equilibrio costruito attraverso normative nazionali e norme sociali tacite (ad esempio non si pubblicano email senza autorizzazione, si chiede l'autorizzazione prima di trascrivere conversazioni sui messenger, ecc.). Non c'è dubbio, però, che la combinazione tra tutte le moderne tecnologie (inclusi i satelliti e le carte di credito) può essere un facile strumento di controllo sociale e politico, oltre che di marketing.

Oggi, tecnicamente, è possibile monitorare gli spostamenti di qualsiasi cittadino attraverso gli impulsi del suo cellulare, leggere il suo giornale attraverso le potentissime fotocamere dei satelliti, costruire un suo profilo precisissimo monitorando acquisti e database sanitari e tecnicamente sarebbe possibile archiviare tutte le sue comunicazioni attraverso tutti i network, dalle email alle telefonate. Escludendo scenari apocalittici, rimane ancora da tracciare in maniera definitiva il confine tra il punto in cui le informazioni sulla nostra identità cessano di essere un miglioramento della qualità della vita e cominciano a diventare un problema.

Capitolo 8
POLITICA

> Quella che si delinea davanti ai nostri occhi, invece, è una forma di democrazia *continua*, dove la voce dei cittadini può levarsi in qualsiasi momento e da qualsiasi luogo.
>
> *Stefano Rodotà*

La politica nei network

Osservando la società digitale con interesse politico, si nota subito che nei network tutto è politica, a diversi livelli. Il primo è quello in cui i diversi cluster discutono come «mente sociale» per la manutenzione, il miglioramento e la soluzione dei problemi che l'interazione digitale comporta. I meccanismi di consenso che premiano o puniscono determinate scelte, l'impostazione stessa delle soluzioni è ciò che alla fine delinea e modifica l'evoluzione delle relazioni tra milioni di persone, crea valori (oltre che valore) e attiene in maniera completa alla gestione di un bene pubblico.

Il secondo è il livello di organizzazione (o gestione) delle attività sociali all'interno dei singoli gruppi nei relativi «spazi pertinenti». Se la costituzione all'interno di un gruppo (sia attraverso norme sociali condivise sia attraverso le «regole del codice») disegna i processi, influenza anche attitudini, aspettative, interazioni e alla fine lavora sulle opinioni e sui risultati.

Un terzo piano è l'azione dialogica tra i sistemi di valori che vengono sostenuti all'interno dei network e riportati all'esterno: è un processo di «traduzione» che importa nelle culture nazionali i risultati delle interazioni con altre culture, ma anche di traslazione quando ad esempio le aspettative di comportamento delle imprese e dei governi, maturate in rete, vengono poi integrate nei sistemi di relazione tradizionali. Questo è un primo livello in cui si forma e si agisce la cosiddetta «sfera pubblica».

Risalendo dal meno riconoscibile al più riconoscibile si arriva poi al livello del «dibattito politico», che all'interno dei network riguarda da un lato i temi politici veri e propri, dall'altro la continua analisi e ridistribuzione delle informazioni messe in circolo dai media di massa. È l'ambito particolare in cui la sfera pubblica ridiscute, modella e assembla la «cornice sociale» un tempo costruita dai media tradizionali.

Infine, c'è il livello della politica agita, ovvero il punto di intersezione diretta tra un sistema politico nazionale e il grande popolo transnazionale dei network. Questo è, normalmente, il piano di analisi che, in maniera del tutto erronea, viene spesso destinato alla descrizione dei rapporti tra reti e politica. In realtà, la formazione di opinioni sulla società, sui suoi obiettivi, le aspettative per un mondo diverso e migliore, vengono costruite da ogni cittadino molto al di là del livello della politica agita. È un processo stocastico, casuale, che viene influenzato dalle sue scelte, dalle sue preferenze, dalle sue interazioni con i diversi cluster, dalle opinioni di persone di altri continenti e dai suoi feedback all'interno degli ambienti che frequenta.

È un modello di formazione delle opinioni personali molto più complesso (e apparentemente meno congruente) rispetto a quello della società industriale, che era mediato dalla classe, da una appartenenza geografica, da un ambiente di lavoro e dall'agenda dei media di massa. Nei network le appartenenze si moltiplicano e ciascuna diventa portatrice di quella che gli analisti chiamano «mediazione simbolica». Inoltre, nella società digitale, le opinioni, oltre a formarsi, vengono condivise, discusse, pubblicate e distribuite di nuovo per far ripartire il processo. Da un punto di vista politico i network sono un motore che pulsa ininterrottamente e che guida le scelte di un miliardo di persone.

La complessità di valutazione (e quindi anche di controllo, direzione e manipolazione) aumenta ulteriormente se consideriamo che la sfera pubblica, come si era delineata nel tempo, era soprattutto «pubblica» e separata da quella privata. I network, invece, come le società tribali e le culture orali, gestiscono contemporaneamente pubblico e privato. In un sistema che prescinde dal territorio, dalle mediazioni e dal minimo comun denominatore. In compenso è veloce, interconnette un numero di individui fino ad oggi impossibile da pensare, si basa sulle relazioni interpersonali e, soprattutto, dispone di una memoria pubblica, condivisa e consultabile.

La politica dei politici

Nella lunga corsa per le elezioni presidenziali americane del 2004, Howard Dean, governatore del Vermont (politicamente noto, a livello nazionale, come i nostri presidenti della Regione Basilicata o del Molise), decide di correre per le primarie. Non ha grandi mezzi e fa di necessità virtù. Comincia ad usare Internet per la campagna elettorale ed ha l'intelligenza di affidarsi a superconsulenti come David Weinberger, Joi Ito e Joe Trippi. È gente che comprende benissimo le dinamiche dei network e che riesce a spingere la campagna in maniera eccellente. La campagna stessa comincia a far notizia per il modo in cui è condotta attraverso la Rete e Dean arriva alle primarie. Ma non riesce a concorrere per la presidenza e tutti archiviano la pratica con il titolo «il fallimento di Dean».

In Italia, qualche giorno prima del ferragosto 2005, Ivan Scalfarotto (un manager italiano che lavora a Londra) apre un weblog e si candida pubblicamente per le primarie dell'Unione. Gli servono diecimila firme per rendere effettiva la candidatura e riesce a raccoglierle. Qualche settimana dopo ottiene ventiseimila voti. La pratica viene archiviata come «il fallimento di Scalfarotto».

Ad agosto del 2005, sempre in Italia, il comico Beppe Grillo (lo stesso che anni prima distruggeva i computer inutili e dannosi in un suo spettacolo) grida al primo esempio di democrazia diretta nella nostra penisola: raccoglie alcune decine di migliaia di euro tra i lettori del suo blog e compra una pagina su «Repubblica» per invitare il governatore della Banca d'Italia a dimettersi. Viene ignorato dai media e dai politici. Ritenterà nei mesi successivi esperimenti simili, con alterne fortune.

In realtà una delle superstizioni più comuni nelle valutazioni dell'impatto della società digitale sulla politica riguarda l'attesa di un evidente processo di causa-effetto, che può verificarsi ma solo a determinate condizioni. E che non è sicuramente la misura dell'impatto politico dei network.

Il celebre caso di Trent Lott, senatore americano costretto a dimettersi grazie alle pressioni della Rete, che aveva imposto nell'agenda dei mass media una volontà popolare[1], non è sicuramente un esempio che può ripetersi sempre. Innanzitutto perché (almeno negli States) la politica tradizionale sta imparando a difendersi: in altri casi simili a quello di Lott, la reazione è stata tempestiva e la po-

[1] Trent Lott, leader della maggioranza repubblicana al Senato, si abbandonò ad alcune dichiarazioni razziste, che non furono accettate dall'opinione pubblica e che, attraverso i network, portarono il presidente Bush a prendere le distanze.

lemica è stata smorzata subito[2]. Oggi come oggi le tecniche di gestione del consenso sono sviluppatissime: si dice che se ci fosse stato Bush al posto di Nixon, i suoi *spin doctors* avrebbero neutralizzato Bernstein, Woodward e anche Gola Profonda in un batter d'occhio.

Poi ci sono alcune considerazioni persino banali, che pure vanno fatte perché gli analisti spesso le dimenticano per sostenere l'una o l'altra tesi. I network non possono portare «chiunque» alla presidenza degli Stati Uniti o alla presidenza del Consiglio in Italia. La campagna Dean non aveva il candidato: il governatore del Vermont era un outsider mal tollerato persino nel Partito democratico. La sua scelta di privilegiare Internet gli ha portato in dote l'antipatia dei media tradizionali, che si sono prontamente dedicati a dileggiarlo e danneggiarlo. Nonostante questo è arrivato alle primarie e grazie alla Rete ha attivato comitati che lo hanno sostenuto davanti ai garage di casa, nelle scuole, negli ambienti di lavoro e persino nelle chiese[3]. Date le premesse, si potrebbe parlare del «successo di Dean».

La stessa considerazione vale anche per Scalfarotto, seppure con qualche distinguo. Il manager della Citybank londinese, al momento della candidatura, era un perfetto sconosciuto. Eppure è arrivato a confermare la candidatura e ad ottenere qualche decina di migliaia di preferenze. Anche in questo caso, è un successo. Ma va condiviso con gli altri media, poiché Scalfarotto si è presentato in Rete con all'attivo già l'attenzione del «Corriere della Sera» e un *endorsement* entusiasta di Michele Serra su «Repubblica».

[2] In una situazione simile a quella di Trent Lott, solo pochi mesi dopo, il senatore della Pennsylvania, Nick Santorum, molto criticato dall'opinione pubblica in Rete, fu «salvato» dalla rapida reazione che gli *spin doctors* di Bush (e Bush stesso) predisposero, anticipando le reazioni e dichiarando pubblicamente il loro giudizio benevolo.

[3] J. Trippi, *The Revolution Will Not Be Televised*, Regan Books, New York 2004.

Quanto alle altre esperienze (da Bassolino a Pecoraro Scanio, anche escludendo l'incursione di Prodi), sono ancora esperienze deboli che nulla aggiungono o tolgono al dibattito politico. Negli Stati Uniti, soprattutto grazie all'uso dei network per raccogliere fondi, Bush, Kerry ed Edwards hanno ottenuto risultati più incoraggianti. Ma la Rete continua a non essere il luogo del marketing politico.

I politici in Rete

In un sistema come quello dei network non sarà mai un caso che funziona (o dieci o venti) a cambiare la realtà delle cose, che sta cambiando di per sé grazie all'attività di milioni di persone.

Ad un certo punto, nel 2005, dopo le esperienze di Cofferati per l'elezione a sindaco di Bologna e l'apertura del blog di Bassolino per la candidatura al governo della Campania, Romano Prodi con grande clamore di stampa annuncia l'apertura del suo blog, sospeso dopo soli tre post in un mese (e mai più riaperto). Il «Corriere della Sera» titola: *Dalla Rete solo ironie: Prodi chiude il blog* e cita in apertura un giudizio laconico di Paolo Valdemarin: «La regola è: se hai un blog e non hai niente da dire, chiudilo»[4].

Prodi, probabilmente, di cose da raccontare ne aveva moltissime. Tuttavia l'ingresso in Rete di un uomo politico, attraverso un weblog, è spesso sottovalutato. Le aspettative dei cittadini sono legate ad una serie di pratiche definite, come ad esempio una orizzontalità di conversazione e di rapporto (sul Web si «dà del tu» a tutti) che presuppone ascolto e collaborazione nella conversazione. Il dialogo è una forma di attenzione prima che di diffusione di messaggi (tra l'altro non più unilaterale). Più in profon-

[4] A. Trocino, *Dalla Rete solo ironie: Prodi chiude il blog*, in «Corriere della Sera», 26 marzo 2005. L'articolo è disponibile online alla pagina http://www.corriere.it/Primo_Piano/Politica/2005/03_Marzo/26/blog_prodi.shtml

dità, in genere i weblog dei politici di un certo nome sono sempre stati accolti con l'aspettativa di una «politica diversa», di un esercizio del mandato di rappresentanza meno slegato dalla realtà, meno distante dalla vita quotidiana di tutti noi.

Antonio Sofi, ricercatore all'Università di Firenze e studioso dei rapporti tra giornalismo, politica e Rete, nei 38 giorni di vita del blog di Prodi inaugurò il «Prodi Blog Watch», che monitorava l'attività del leader dell'Unione e i commenti che il Web gli riservava. In un post ha riportato una scherzosa (ma profondamente seria) analisi del linguaggio utilizzato da Prodi, che un blogger aveva tradotto in italiano[5]:

Scusate il ritardo. Giornate dense di decisioni e di fatti importanti che mi hanno assorbito completamente.

(Traduzione: *Sono ancora vivo. Ma ho da fare cose importanti e non ho tempo per questo blog*)

Come la nascita della Federazione dell'Ulivo. Un grande passo in avanti, politico e non solo.

(Traduzione: *Nonostante Rutelli siamo riusciti a presentare la federazione e ora siamo tutti più uniti*)

Da ieri, finalmente, le culture politiche che hanno fatto la Repubblica e scritto la Costituzione sono insieme in modo solido e convinto.

(Traduzione: *W l'Italia, la Costituzione, la democrazia*)

Abbiamo tutti lavorato per questo obiettivo e adesso siamo pronti per costruire il futuro dell'Italia.

(*Se volete saperne di più compratevi il giornale. Ciao.*)

Può sembrare un modo molto irriverente di trattare la politica e i temi importanti, ma è uno «spirito» molto più

[5] A. Sofi, *Parla come magni*, in http://www.webgol.it/archives/000671.html

costruttivo di quanto sembri e soprattutto è parte del dibattito politico allargato a milioni di individui. Se nei commenti qualcuno si chiedeva da quanto tempo Prodi non entra in un bar e chiede un cappuccino con lo scontrino in mano, non è per populismo o per sostenere lo schieramento contrario, quanto perché dall'interno dei network la politica è percepita come completamente autoreferenziale e dotata di una vita propria indipendentemente dall'agenda delle priorità dei cittadini. Prodi, e le reazioni che il suo blog ha suscitato, sono solo un esempio, non un caso da trattare in maniera particolare. I politici, come tutti i prodotti e i cittadini, hanno la propria reputazione digitale da tenere sotto controllo e basterebbe loro digitare il proprio nome su Google per rendersene conto. Il fatto che l'opinione pubblica oggi si esprima è, appunto, un «fatto».

Se guardiamo alla teoria politica, come dovrebbe essere una volta aggiornata alla società digitale, lo scopo del blog di un politico «eletto», se accettiamo che il weblog è un format conversazionale, potrebbe essere quello di migliorare la comunicazione tra elettore e rappresentante per migliorare la rappresentanza. Questo non sempre coincide con le motivazioni reali di chi prova ad aprirne uno a scopi elettorali, spesso più per la risonanza che ottiene sui media tradizionali che per l'interazione diretta con i cittadini all'interno dei network. Una scelta simile non rispetta la grammatica minima dell'ambiente: sarebbe come apparire in televisione comunicando solo con la mimica.

Dal punto di vista del risultato comunicazionale, il blog è uno strumento potenzialmente molto pericoloso per un uomo politico di spessore nazionale. L'*asset* di un weblog è la personalità (e lo spessore) di chi lo mantiene. Il Web ha memoria, si esprime per iscritto, predilige un linguaggio informale e suggestivo (mentre punisce quello burocratico o sindacalese) e come ogni forma di conversazione richiede che gli interlocutori siano capaci di collocarsi sullo stesso piano (quello del «tu» e quello dell'ascolto reciproco). Inoltre una comunicazione politica efficace sul

Web richiede idee ben argomentate, rispetto per gli interlocutori e in genere crea aspettative di una visione politica che va oltre il contingente.

Caratteristiche queste non comuni alla classe politica attuale e non richieste dalla comunicazione mediatica di massa, che si basa sul qui ed ora, sullo slogan veloce, su tecniche retoriche come lo *straw man argument*. Tutto ciò che funziona nella comunicazione politica di massa, non funziona in Rete. Se attraverso le televisioni ed i giornali si può affermare oggi una cosa (e raggiungere un pubblico), poi modificarla (e raggiungerne un altro) e infine ritrattarla (raggiungendone un terzo) è perché nella comunicazione in broadcast l'audience senza parola è considerata «una specie di *tabula rasa* estremamente sensibile e ricettiva, ma incapace di trattenere ciò che è scritto su di essa oltre il momento della ricezione e della trasmissione»[6].

Appare immediatamente evidente che queste tecniche non possono funzionare in un ambiente in cui esiste memoria, in cui la comunicazione è bidirezionale ed in cui la «relazione» fa parte del contenuto. Sul Web un punto di vista non può essere espresso in modo non approfondito, perché non c'è limite di spazio, perché deve essere scritto e pensato per convincere. Se convince, si diffonderà perché altri lo ripubblicheranno e diverrà un argomento importante nell'agenda di chi è interessato a quei temi. Al contrario, tutti potranno alzare la mano e dire: «non mi convince». Spiegando perché, e spesso con maggiore autorevolezza nell'ottica dei propri lettori.

Certo l'esistenza di uno spazio pubblico così configurato presuppone che per un uomo politico vi siano dei costi molto alti (in termini di tempo, di attenzione, di ascolto). Ma sono costi che oggi, più che mai, vanno semplicemente aggiunti ai costi che si era abituati a sostenere per seguire il

[6] M. Perniola, *Contro la comunicazione*, Einaudi, Torino 2004, p. 108.

mandato di rappresentanza e una soluzione per riuscire a sostenerli in maniera efficace va cercata. Ignorare che i network esistano o, come molti fanno, semplicemente dequalificarli per fornirsi un alibi è una scelta perdente.

La politica dei cittadini

Se i network si comportano come una macchina per l'interpretazione della realtà in cui il nodo centrale per la formazione delle opinioni è la posizione del cittadino all'interno di un sistema di gruppi e di spazi pertinenti, bisogna prendere atto che molte convinzioni politiche tradizionali sono crollate.

Le barriere culturali per la libertà di espressione sono state completamente abbattute, il che significa che a tutti i livelli di maturità politica e con tutti i registri possibili, i cittadini si associano in gruppi di interesse e si confrontano sui temi che reputano importanti. I network, poi, trascendono le sovranità nazionali, linguistiche ed istituzionali mettendo in agenda temi spesso trasversali e confrontando le diverse politiche dei diversi governi. Approfondiscono e ridiscutono l'informazione di massa, analizzandola e confrontando diverse fonti. Non è più possibile contare sull'uniformità del messaggio trasmesso dai mass media. Ma, soprattutto, i feedback sull'operato politico non si esprimono più solo a livello di relazione personale. Sono pubblici ed influiscono sull'opinione dei cittadini in uno spazio politico mai esistito prima.

Ogni cittadino ha a disposizione una base di conoscenza enorme per validare, comprendere o smontare affermazioni politiche e scelte di governo. Può discuterle pubblicamente e vedere arricchita la propria opinione grazie all'expertise delle sue relazioni. Se non bastassero queste caratteristiche di sistema per fornire un'idea precisa, tutti gli studi e le osservazioni empiriche rilevano che molti utenti della Rete sono meglio informati, politicamente più attivi ed hanno una coscienza (oltre che un interesse) sociale amplificato dalla possibilità di partecipare che i network offrono. E che non si ferma affatto all'interno dei network.

Negli Stati Uniti, da decenni, c'è molta attenzione per lo studio dei processi di influenza. Ed Keller e Jon Berry, due ricercatori di marketing globale, hanno raccolto la loro esperienza (addirittura trentennale nel caso di Berry) in un libro intitolato *The Influentials* che traccia un profilo molto dettagliato di casi e processi, e spiega con precisione come identificare i cosiddetti *trendsetter* e, soprattutto, svela molte superstizioni sui modelli di influenza. A partire dal fatto che, come siamo comunemente portati a credere, gli *influentials* non sono affatto le persone di potere né gli individui con una grande esposizione sui mass media. Al contrario, sono coloro che nelle piccole comunità locali sanno interpretare il loro ruolo e riescono ad accreditare, con la ricerca e la conoscenza, il proprio punto di vista. Tanto per aggiungere un dettaglio irritante per i puristi, le comunità più numerose sono spesso quelle che si collocano alla base della tradizionale piramide culturale (quelle che nei network si esprimono con registri e profondità reputati non interessanti nella logica dei vecchi media, ma che oggi hanno conquistato finalmente il diritto a confrontarsi pubblicamente). È la democrazia agita, a tutti i livelli.

Il processo di passaparola, il *word-of-mouth*, è in grado di toccare le corde più intime di una cultura, di modificarla, di influenzare seriamente il mercato e la politica.

Gli americani influenti, circa uno su dieci nella popolazione adulta degli Stati Uniti, sono le persone che fanno la cultura, la società e il mercato. Gli individui più attivi socialmente e politicamente, gli *influentials*, sono anche i più attivi nelle loro comunità. Sono molto coinvolti sul lavoro e nelle loro vite personali. Si interessano a molti temi e sono connessi con molti gruppi. Sanno come esprimere se stessi e lo fanno. E, grazie al loro ruolo nelle comunità, nell'ambiente di lavoro e nella società, le loro opinioni sono ascoltate da molta gente e influenzano le decisioni degli altri[7].

Nei network il *word-of-mouth* teorizzato e osservato dagli analisti e dai sociologi è stato studiato da un punto di vista quantitativo in una ricerca dell'Institute for Politics, Democracy and the Internet della George Washington University. L'osservazione dei comportamenti ha suggerito che esiste una nuova comunità di «cittadini online» che hanno giocato un ruolo centrale nelle campagne elettorali e che hanno apportato un «cambiamento permanente» nella politica americana. La ricerca dell'IPDI, partendo da questa constatazione, definisce questi individui come OPC (Online Political Citizens) e ne traccia un profilo molto particolareggiato.

Gli *Online Political Citizens* non sono isolati maniaci della tecnologia, come i media tradizionali tendono a descriverli. In realtà gli OPC sono in grado di fare da opinion leader per i loro amici colleghi e parenti quasi sette volte più di quanto possano i normali cittadini. Gli OPC sono sproporzionatamente *influentials*, ovvero persone capaci di indicare ai propri vicini cosa comprare, chi votare e dove andare in vacanza, come indicato nel libro *The Influentials* di Ed Keller e Jon Berry. Normalmente il 10% degli americani è considerato influente. Il nostro studio dimostra che il 69% degli Online Political Citizens è influente[8].

Questa massa critica di persone, che partecipa più o meno attivamente al dibattito politico e che crea una continua interpretazione socializzata della realtà, porterà inevitabilmente verso una maggiore richiesta di trasparenza

[7] E. Keller, J. Berry, *The Influentials*, The Free Press, New York 2004.

[8] Institute for Politics, Democracy and the Internet, *Political influentials online in the 2004 presidential campaign*, in www.ipdi.org/Influentials/Report.pdf

(trasparenza che viene già «agita» attraverso l'esercizio del senso critico collettivo) e verso una domanda di politica migliore, che già oggi è molto forte. Come in altri settori, l'inserimento nell'ecosistema politico di un nuovo soggetto non può lasciare tutto invariato. La nuova politica si disegnerà negli anni attraverso continue interrelazioni con i cittadini ed il loro spazio politico pertinente.

Se è vero che tutte le applicazioni che oggi funzionano gestiscono valore di gruppo e capitale sociale, tutte le applicazioni sono in qualche modo portatrici di una logica politica e di un sistema di valori. La politica, a mio parere, in luogo di usare le applicazioni esistenti (che non sono disegnate per certi obiettivi) finirà per progettare le proprie applicazioni per monitorare l'opinione pubblica. Si tratta di applicazioni tecnicamente possibili e persino relativamente facili da realizzare. Come nel rapporto tra geocities e i weblog, non sono ancora emerse perché non è ancora emersa la necessità politica, che prevedibilmente sarà sempre più forte.

Oggi, rispetto agli anni scorsi, si registra una domanda sempre maggiore di politica di qualità. Se nei prossimi anni la politica sarà migliore, per definizione, all'interno dei network, dipenderà da noi.

Epilogo

UNA NOTA E 95 TESI

> Il cavallo resterà. L'automobile
> è una moda passeggera.
>
> *Horace Rackham*, avvocato di Henry Ford

Una nota al margine

Dicevamo all'inizio che molte innovazioni portate dalla società digitale sembrano «eretiche» se osservate da punti di vista tradizionali. In queste pagine ho cercato di tracciare una panoramica che racconti i processi, da diverse angolazioni. Per mantenere il gioco sull'eresia (senza per questo volermi paragonare a Lutero) raccolgo le mie conclusioni in forma di elenco di tesi. Per la maggior parte sono una ricostruzione del ragionamento che abbiamo sviluppato in queste pagine, in pochissimi casi esprimono dirette conseguenze che vedo plausibili. Più in generale, si tratta di un modo per provare a raccontare in maniera analitica la complessità che ci circonda ogni giorno o, meglio, di una scusa per seminare dei temi di riflessione.

95 tesi per descrivere la società digitale

1. Un cambiamento profondo sta percorrendo la società globale, modificandola intimamente e ridisegnando culture, mercati, politica e spazi individuali.

2. Questo cambiamento nasce dal basso e si spinge verso i livelli più alti delle società tradizionali.

3. Questo cambiamento non può essere annullato e non prevede la possibilità di ripristino dello *statu quo* precedente.

4. Questo cambiamento, provenendo dalle interazioni e dalle innovazioni di milioni di cittadini organizzati in un sistema privo di centro, non può essere governato da una sola istituzione, da un governo e/o da una organizzazione.

5. Questo cambiamento modifica continuamente se stesso attraverso le interazioni di *n* soggetti.

6. Le interazioni di *n* soggetti che modificano il cambiamento sono interazioni tra loro e con i sistemi sociali preesistenti.

7. Le interazioni avvengono attraverso una serie di network che hanno in Internet il loro sistema operativo.

8. L'architettura di Internet, che governa e mette a sistema le relazioni con gli altri network, consente la partecipazione, la modifica e l'innovazione (quindi il cambiamento interno) da qualsiasi punto della Rete.

9. I network digitali discutono costantemente su se stessi e su come migliorarsi, quindi gestiscono autonomamente l'innovazione di processo.

10. Questo processo di discussione sull'autorganizzazione è la «mente sociale» dei network digitali.

11. I network digitali non possono essere descritti come un medium o come una semplice infrastruttura, perché contengono al loro interno tutta la complessità di un sistema sociale.

12. Questo sistema sociale è quanto chiamiamo società digitale.

13. La partecipazione alla società digitale che si disegna attraverso tutte le relazioni è più motivante per il cittadino rispetto ai sistemi tradizionali, perché gli consente di esercitare in maniera attiva pensiero e azione.

14. La partecipazione alla società digitale è aumentata costantemente negli ultimi dieci anni ed è destinata ad au-

mentare per fattori interni (la performance sociale dei network migliora costantemente) ed esterni (gli interessi economici e politici che questo spazio sociale stimola porteranno alla diminuzione dei costi di accesso e all'ampliamento della diffusione).

15. Qualsiasi resistenza alla comprensione delle nuove logiche sociali, economiche, politiche e culturali è solo un elemento di ritardo per chi resiste, non rallenta le aspirazioni di milioni di persone e non è in grado di modificare sensibilmente lo stato delle cose.

16. Il dialogo tra vecchie e nuove logiche modifica l'assetto della società digitale su base consensuale ampia.

17. L'ampiezza della base consensuale necessaria dipende dal raggiungimento di una massa critica che accetti ed agisca la modifica in maniera efficace.

18. Qualsiasi idea, innovazione o applicazione introdotta all'interno dei network sarà popolare solo in rapporto alla sua capacità di aggregare consenso.

19. Quanto sta accadendo non può essere valutato con la fotografia del presente ma deve considerare aspirazioni di milioni di persone, percorribilità tecnologica delle soluzioni e tempi sociali necessari perché ciò accada.

20. La società digitale ha sempre imposto le sue aspirazioni sufficientemente condivise laddove era tecnicamente possibile progettare una soluzione e renderla popolare.

21. La società digitale non è né buona né cattiva: è semplicemente un modello di organizzazione sociale con regole differenti da quelle tradizionali.

22. All'interno della società digitale i network disegnano spazi pertinenti (o cluster) costruiti su interessi e valori.

23. I gruppi agiscono all'interno degli spazi pertinenti assecondando le proprie motivazioni e creando valore collettivo.

24. Ciascun individuo interagisce con diversi spazi pertinenti, importando dagli uni agli altri argomenti, sensibi-

lità, approcci e soluzioni in un processo creativo costante e distribuito.

25. La società digitale si nutre e si concretizza attraverso lo scambio delle informazioni e la costruzione delle relazioni.

26. Il cittadino digitale rappresenta se stesso nei network, attraverso le informazioni, sotto forma di puro esercizio della conoscenza.

27. Tutti i cittadini della società digitale hanno in partenza le stesse possibilità, ma sono differenti tra loro per capacità, cultura, talento e dominio degli strumenti.

28. Il «potere» di ogni cittadino è proporzionale alla sua capacità di raccogliere consenso ed è influenzato dal suo posizionamento all'interno del network.

29. Il posizionamento di ciascun cittadino all'interno del network è determinato dal numero di relazioni che è riuscito a costruire e mantenere.

30. Il posizionamento di ciascun cittadino si aggiorna continuamente e si modifica in base a tutte le interazioni che lo coinvolgono, attivamente o passivamente.

31. Le relazioni, all'interno dei network digitali, si costruiscono sulla reputazione.

32. La società digitale, attraverso il Web, ha memoria di tutte le comunicazioni e le azioni pubbliche.

33. Questa memoria è il contesto, ricercabile e onnicomprensivo, in cui viene assegnato un valore alla reputazione.

34. La reputazione di un cittadino della società digitale è simile a quella di un artigiano nella società tradizionale. Si costruisce con il tempo in funzione delle cose che ha da dire, del modo in cui le dice e della maniera in cui agisce.

35. La reputazione è il metro del consenso ed è il giudizio degli altri sul nostro operato e sui nostri prodotti.

36. La reputazione è una forma di controllo sociale che ci spinge a rispettare le norme condivise all'interno dei network.

37. La reputazione è vincolata all'identità che assumiamo nei network o all'interno degli spazi pertinenti.

38. Le applicazioni ben progettate rendono molto costoso l'azzeramento di una identità e la ricostruzione di una reputazione.

39. Le relazioni, per costruirsi e diventare solide, hanno bisogno di essere agite attraverso delle identità stabili.

40. Il weblog è la storia intellettuale dell'individuo.

41. Il Web, grazie ai weblog, ha definito dei punti di identità stabili per gli individui all'interno della società digitale.

42. Un individuo privo di un weblog o non riconducibile ad un weblog tende ad essere percepito come portatore di un'identità debole.

43. Il numero di link che puntano ad un weblog determina le probabilità di un lettore di accedere alle idee e ai contenuti che vi sono espressi.

44. Il numero di link che puntano ad un weblog determina il posizionamento dell'autore all'interno dei network.

45. I costi di mutazione da un'identità ad un'altra, nel caso dei weblog, sono pari ai costi di riappropriazione della visibilità e delle connessioni precedentemente raggiunte.

46. Le aziende, le istituzioni, gli uomini politici e persino i governi hanno una reputazione da gestire all'interno della società digitale.

47. I consumatori non sono più passivi, ma consigliano o sconsigliano l'acquisto all'interno dei propri spazi pertinenti.

48. Il volume di decisioni di acquisto condizionato dai sistemi di raccomandazione e/o dal passaparola nei network è destinato ad avere un peso sempre maggiore.

49. La reputazione di aziende, istituzioni e governi è utilizzata quotidianamente da milioni di cittadini per orientarsi nelle proprie scelte.

50. Le aziende di successo nella società digitale si raccontano ai propri clienti, dialogano con i propri clienti e si

comportano nel modo in cui i clienti si aspettano che si comportino.

51. Il rapporto costo/beneficio tra il sostenere questa nuova relazione con il mercato e fronteggiare una reputazione non controllata sarà sempre più a favore della prima soluzione.

52. Pur avendo potenzialmente accesso a strumenti di produzione e diffusione di contenuti, i cittadini della società digitale non sono professionisti della mediazione culturale né semplice audience, come nella società tradizionale, ma sono «tutti» artigiani della conoscenza.

53. La qualità, come fattore di selezione a monte dei contenuti, non ha alcun senso all'interno dei network poiché i costi di pubblicazione sono prossimi allo zero.

54. La qualità di un'informazione culturale all'interno dei network è giudicata *a posteriori* sulla base di criteri di pertinenza con le aspirazioni del suo pubblico.

55. L'accesso alla conoscenza in Rete è determinato dal consenso. Maggiori sono i link che puntano ad un contenuto, più volte quel contenuto è ripubblicato, maggiori saranno le sue probabilità di essere trovato.

56. Non ha senso limitare la circolazione dei propri contenuti.

57. Le applicazioni che funzionano nei network sono quelle in grado di supportare l'attività dei gruppi e la formazione di spazi pertinenti e di creare valore condiviso.

58. Le applicazioni che funzionano sono disegnate per stimolare i processi di collaborazione tra gli utenti, assecondando le motivazioni individuali e gestendo – ove necessario – la conflittualità sociale.

59. I network sono percepiti come un bene pubblico e sono difesi come tale.

60. Le informazioni e i prodotti culturali sono destinati negli anni ad essere percepiti sempre più come un bene pubblico gratuito e libero.

61. La percezione dei prodotti culturali come bene pubblico a determinate condizioni sembra non interferire

in maniera negativa con la decisione di acquisto (e possesso) dell'eventuale supporto (libro, CD, DVD).

62. La libera circolazione nei network dei prodotti culturali è un potente strumento di promozione e distribuzione.

63. Il ciclo di vita di un prodotto culturale nei network sopravvive alle limitazioni della distribuzione fisica.

64. Azzerandosi i costi di scaffale e di informazione di mercato, i network creano un canale di distribuzione talmente ampio da sovvertire l'approccio al mercato rispetto ai canali tradizionali.

65. Nei network, la vendita in poche copie di molti prodotti raggiunge fatturati maggiori rispetto alla consuetudine che ci porta a considerare pochi prodotti venduti in molte copie.

66. Allo stesso modo e per le stesse ragioni, nei network, le preferenze minoritarie hanno uguale dignità di quelle dominanti.

67. La società digitale non è una società di massa, ma il luogo delle differenze individuali che interagiscono tra loro e rivendicano costantemente la propria individualità.

68. Come per la scelta dei prodotti culturali e delle interazioni interpersonali, la società digitale esprime la politica sulla base delle convinzioni individuali, prescindendo dalle generalizzazioni imposte dai grandi partiti e non forzandosi a classificarsi in base ad esse.

69. Ogni spazio pertinente è uno spazio politico in cui attraverso l'interazione ed il confronto si formano opinioni e si contribuisce alla costruzione dell'interpretazione individuale della realtà.

70. Ogni cittadino della società digitale è per definizione attivo nella costruzione delle proprie opinioni e può attivarsi in ogni istante per fornire supporto alla costruzione di opinioni altrui.

71. La memoria e la capacità di analisi collettiva della società digitale porteranno a un'informazione e a una politica più trasparenti.

72. La società digitale, centrata sull'attività dell'individuo in tutti i settori, stimola la partecipazione politica ed aumenta le sue aspettative di essere ascoltato.

73. Ogni applicazione che gestisce l'azione, i contenuti e il capitale sociale dei gruppi è un'applicazione politica con un proprio messaggio e propri valori.

74. La politica non ha ancora progettato le sue applicazioni per dialogare con l'opinione pubblica.

75. Strumenti per filtrare e ricostruire l'agenda dei cittadini in maniera trasparente oggi sono tecnicamente possibili e perfezionerebbero l'esercizio democratico del mandato di rappresentanza.

76. Questi strumenti, prevedibilmente, saranno progettati ed entreranno nella consuetudine politica.

77. Questi strumenti potrebbero essere il metro per definire la volontà dell'opinione pubblica e inserirla nell'agenda politica.

78. L'argomentazione, nei network, è una condizione fondamentale per cercare consenso sulle idee.

79. I modi e i tempi del dibattito politico muteranno verso l'argomentazione e la profondità laddove oggi sono costruiti sulla semplificazione e sullo slogan.

80. Le aspettative incrociate di milioni di cittadini aumenteranno prevedibilmente la domanda di una politica strategica di lungo periodo in luogo di una politica tattica congiunturale come quella odierna.

81. La società digitale è transnazionale.

82. La società digitale è percorsa da continui flussi di traduzione (da lingua a lingua, da sensibilità a sensibilità) che favoriscono la circolazione di idee e valori.

83. Il concetto di «locale» all'interno dei network digitali attiene le preferenze individuali e non la collocazione geografica.

84. I sistemi di relazione di ogni individuo, all'interno dei network, prescindono da concetti come città, Stato e geografia, ma sono costruiti su valori e affinità.

85. L'appartenenza ad un sistema Stato, e contempora-

neamente ad un sistema transnazionale, alza le aspettative del cittadino che tende a desiderare il meglio delle politiche internazionali ed economiche di cui è informato.

86. L'identificazione di ogni cittadino con la propria appartenenza ad un sistema sociale (e quindi l'attenzione e le energie che vi dedica) è proporzionale alla motivazione che ogni sistema è in grado di offrirgli.

87. La tesi 86 si può applicare sia agli spazi pertinenti, sia alla vocazione civica dedicata al sistema nazionale o alla società digitale.

88. La transnazionalità e la pervasività dei network sposteranno progressivamente molti degli interessi culturali e di intrattenimento dei cittadini al di fuori dei sistemi paese.

89. I valori sociali condivisi tenderanno ad essere il risultato di un dialogo globale e sovranazionale per essere poi riportati come istanza all'interno delle agende politiche dei sistemi paese.

90. Le attuali teorie politiche potrebbero non essere facilmente adattabili a gestire la portata del cambiamento.

91. Ogni cittadino ha oggi una responsabilità maggiore che in passato.

92. La responsabilità del cittadino si esercita nell'interazione con il prossimo, nella trasmissione di messaggi e valori e nel contributo creativo per l'innovazione.

93. La responsabilità del cittadino si esercita anche attraverso la collaborazione per la creazione di valore sociale, che è valore anche per lui.

94. I network digitali, per la loro strutturale capacità di modificare le proprie logiche su base consensuale, sono imprevedibili e potrebbero nel giro di pochi mesi o anni rendere inadeguate molte di queste tesi, ma:

95. La società digitale è la più grande occasione di sviluppo che l'uomo abbia mai avuto. Abbiamo l'obbligo di provare, tutti insieme, a sfruttarla nel migliore dei modi possibili.

BIBLIOGRAFIA

A STAMPA

Abruzzese A., *Lessico della comunicazione*, Meltemi, Roma 2003.
Andreozzi M., *Le major hanno trovato il nemico: loro stesse*, in «Internet Pro», maggio 2005.
Ba S., *Establishing online trust through a community responsibility system*, in «Decision Support Systems», 31, 3, luglio 2001, pp. 323-336.
Barabási A.L., *Link. La scienza delle Reti*, Einaudi, Torino 2004.
Benkler Y., *Sharing nicely: on shareable goods and the emergence of sharing as a modality of economic production*, in «The Yale Law Journal», vol. 114, 2004.
Bentivegna S., *Politica e nuove tecnologie della comunicazione*, Laterza, Roma-Bari 2002.
Bentivegna S., *Teorie delle comunicazioni di massa*, Laterza, Roma-Bari 2003.
Bonaccorsi A., Granelli A., Pietrabissa R., *Brevettare? La proprietà delle idee nel Terzo Millennio*, Medusa, Milano 2005.
Bourdieu P., *L'opinione pubblica non esiste*, in «Problemi dell'informazione», 1, 1976.
Bravo G., *Dai pascoli a Internet. La teoria delle risorse comuni*, in «Stato e Mercato», 63, dicembre 2001, pp. 487-512.
Brynjolfsson E., Kahin B. (a cura di), *Understanding Digital Economy*, The Mit Press, Cambridge 2000.
Buchanan M., *Nexus. Perché la natura, la società, l'economia, la comunicazione funzionano allo stesso modo*, Mondadori, Milano 2003.

Busino R., *Alla ricerca d'una teoria dell'opinione pubblica*, in «Giornale di Storia Costituzionale», VI, 2, 2003.
Caravita G., *La politica entra in Rete, ma la Rete non entra in politica*, in «Il Sole 24 Ore», 17 novembre 2005.
Carlini F., *Le idee in rete hanno le gambe lunghe*, in A. Testa, *La creatività a più voci*, Laterza, Roma-Bari 2005.
Castells M., *Galassia Internet*, Feltrinelli, Milano 2002.
Censis/Ucsi, *Quinto Rapporto sulla Comunicazione in Italia*, Roma, ottobre 2005.
Chomsky N., Herman H.S., *La fabbrica del consenso*, Marco Tropea Editore, Milano 1998.
Cristante S., *Potere e comunicazione. Sociologia dell'opinione pubblica*, Liguori, Napoli 1999.
Cristante S., *Azzardo e conflitto. Indagini sull'opinione pubblica nell'era della comunicazione globale*, Manni, Lecce 2001.
De Biase L., e*deologia. Critica del fondamentalismo digitale*, Laterza, Roma-Bari 2003.
de Kerckhove D., *Brainframes*, Baskerville, Bologna 1993.
De Rosa R., *Fare politica in Internet*, Apogeo, Milano 2000.
Dyson G., *L'evoluzione delle macchine. Da Darwin all'intelligenza globale*, Cortina, Milano 2000.
Eco U., *Guida all'interpretazione del linguaggio giornalistico*, in *La stampa quotidiana in Italia*, a cura di V. Capecchi e M. Livolsi, Bompiani, Milano 1971.
Fabbri P., Marrone G. (a cura di), *Semiotica in nuce*, Meltemi, Roma 2000.
Fiedler R., *Mediamorfosi*, Guerini, Milano 2000.
Forgacs D., *L'industrializzazione della cultura italiana (1880-2000)*, Il Mulino, Bologna 2000.
Geertz C., *Antropologia interpretativa*, Il Mulino, Bologna 1988.
Geertz C., *Interpretazione di culture*, Il Mulino, Bologna 1998.
Geertz C., *Mondo globale, mondi locali*, Il Mulino, Bologna 1999.
Gillmor D., *We the Media. Grassroots Journalism by the People, for the People*, O'Reilly Press, Cambridge (Mass.) 2004.
Granieri G., *Blog Generation*, Laterza, Roma-Bari 2005.
Habermas J., *Storia e critica dell'opinione pubblica*, Laterza, Roma-Bari 1977.
Hardin G., *The Tragedy of the Commons*, in J. Baden, G. Hardin, *Managing the Commons*, Freeman & C., New York 1977.

Hewitt H., *Blog. Understanding the Information Reformation that's changing your world*, Nelson Books, Nashville 2005.

Johnson S., *La nuova scienza dei sistemi emergenti. Dalle colonie di insetti al cervello umano, dalle città ai videogame e all'economia, dai movimenti di protesta ai network*, Garzanti, Milano 2004.

Keller E., Berry J., *The Influentials*, The Free Press, New York 2004.

Kelly K., *Out of control. La nuova biologia delle macchine, dei sistemi sociali e del mondo dell'economia*, Apogeo, Milano 1996.

Kelly K., *Nuove regole per un nuovo mondo*, Ponte alle Grazie, Milano 1999.

Lessig L., *Cultura libera*, Apogeo, Milano 2005.

Lévy P., *L'intelligenza collettiva*, Feltrinelli, Milano 1996.

Levy S., *Hackers. Gli eroi della rivoluzione informatica*, Shake, Milano 2002.

Lingua G. (a cura di), *Comunicare senza regole. Etica e mass-media nella società globale*, Medusa, Milano 2000.

Lippmann W., *L'opinione pubblica* (1922), Donzelli, Roma 2000.

Lovink G., *Internet non è il paradiso. Reti sociali e critica della cibercultura*, Apogeo, Milano 2004.

Maistrello S., *Come si fa un blog*, Tecniche Nuove, Milano 2004.

Maldonado T., *Memoria e conoscenza. Sulle sorti del sapere nella prospettiva digitale*, Feltrinelli, Milano 2005.

McCombs M.E., Shaw D.L., *La funzione di agenda-setting nei mass media* (1972), in *Mediare la realtà. Mass media, sistema politico e opinione pubblica*, a cura di S. Bentivegna, Franco Angeli, Milano 1994.

McLuhan M., *Gli strumenti del comunicare*, Il Saggiatore, Milano 2002.

Meikle G., *Disobbedienza civile elettronica*, Apogeo, Milano 2004.

Minati G., *Esseri collettivi*, Apogeo, Milano 2001.

Nardozzi G., *Creatività ed economia*, in A. Testa, *La creatività a più voci*, Laterza, Roma-Bari 2005.

Negroponte N., *Essere digitali*, Sperling & Kupfer, Milano 1995.

Noelle-Neumann E., *La spirale del silenzio. Per una teoria dell'opinione pubblica*, Meltemi, Roma 2002.

Norman D., *Il computer invisibile*, Apogeo, Milano 2000.

Norman D., *Emotional design*, Apogeo, Milano 2004.

Pasquali F., *I nuovi media*, Carocci, Roma 2003.
Pax S., *Baghdad Blog*, Sperling & Kupfer, Milano 2003.
Pennac D., *Come un romanzo*, Feltrinelli, Milano 1993.
Perniola M., *Contro la comunicazione*, Einaudi, Torino 2004.
Reese S.D., *La determinazione dell'agenda dei media: una prospettiva di equilibrio del potere*, in *Mediare la realtà. Mass media, sistema politico e opinione pubblica*, a cura di S. Bentivegna, Franco Angeli, Milano 1994.
Rheingold H., *Smart mobs*, Cortina, Milano 2003.
Rifkin J., *L'era dell'accesso*, Mondadori, Milano 2000.
Rogers E., *Diffusion of Innovations*, The Free Press, New York 1995.
Roncaglia G., *Filosofia e ipertesti: i molti labirinti*, in N. Boccara, G. Platania, *Il buon senso o la ragione. Miscellanea di studi in onore di Giovanni Crapulli*, Sette Città, Viterbo 1997.
Sahlins M., *Cultura e utilità. Il fondamento simbolico dell'attività pratica*, Bompiani, Milano 1982.
Sartori G., *Homo Videns*, Laterza, Roma-Bari 2004[5].
Schudson M., *The Good Citizen: A History of American Civic Life*, Harvard University Press, Cambridge 1998.
Scott J., *L'analisi delle reti sociali*, Carocci, Roma 1997.
Somalvico B., *La nuova Babele elettronica*, Il Mulino, Bologna 2003.
Spadaro A., *WIKI. Utopie e limiti di una forma di «intelligenza collettiva»*, in «La Civiltà Cattolica», 14, 2005, quaderno 3722, pp. 130-138.
Sterling B., *Tomorrow Now. Come vivremo nei prossimi cinquant'anni*, Mondadori, Milano 2004.
Sturm H., *The missing half-second*, in G.J. Robinson, *Emotional effects of media: The work of Hertha Sturm*, McGill University, Montreal 1987.
Sunstein C., *Republic.com*, Il Mulino, Bologna 2003.
Trippi J., *The Revolution Will Not Be Televised*, Regan Books, New York 2004.
Volli U., *Manuale di semiotica*, Laterza, Roma-Bari 2000.
Weinberger D., *Arcipelago Web*, Sperling & Kupfer, Milano 2002.
Weinberger D., *La parola futuro non è una parolaccia*, in «Il Sole 24 Ore», 20 ottobre 2005.

Wolf M., *Teorie delle comunicazioni di massa*, Bompiani, Milano 1985.
Wright R., *Nonzero: The Logic of Human Destiny*, Pantheon Books, New York 2000.

IN RETE

Anderson C., *The Long Tail*, in http://www.wired.com/wired/archive/12.10/tail.html
Berners-Lee T., Hendler J., Lassila O., *The Semantic Web*, in http://www.scientificamerican.com/article.cfm?articleID=00048144-10D2-1C70-84A9809EC588EF21&pageNumber=1&catID=2
Bonifacio M., *Alcune delle domande che il Semantic Web non si fa: il processo e il valore economico del linguaggio e del significato*, in http://lgxserve.ciseca.uniba.it/lei/ai/networks/03-2/bonifacio.pdf
Bowman S., Willis C., Lasica J.D., *We Media*, in http://www.mediacenter.org/mediacenter/research/wemedia/
Boyd D., *Broken Metaphors: Blogging as Liminal Practice*, in http://www.danah.org/papers/MEABrokenMetaphors.pdf
Boyd D., *Why Web2.0 Matters: Preparing for Glocalization*, in http://www.zephoria.org/thoughts/archives/2005/09/05/why_web20_matte.html
Brin S., Page L., *The Anatomy of a Large-Scale Hypertextual Web Search Engin*e, in http://www-db.stanford.edu/~backrub/google.html
Burt R.S., *Social Origins of Good Ideas*, in http://web.mit.edu/sorensen/www/SOGI.pdf
Castelfranchi C., Falcone R., *Principles of Trust for MAS: Cognitive Anatomy, Social Importance and Quantification*, in http://www.istc.cnr.it/T3/download/Trust-for-MAS.pdf
Castronova E., *Theory of Avatar*, in http://ideas.repec.org/p/ces/ceswps/_863.html
Castronova E., *On Virtual Economies*, in http://papers.ssrn.com/sol3/papers.cfm?abstract_id=338500
Dellarocas C., *The Digitization of Word-of-Mouth: Promise and Challenges of Online Feedback Mechanisms*, in http://ebusiness.mit.edu/research/papers/173_Dellarocas_Word_of_Mouth.pdf

Dorigo M., Bonabeau E., Theraulaz G., *Ant Algorithms and Stigmergy*, in http://www-lia.deis.unibo.it/Courses/AI/Lucidi/stigmergy.pdf
Doyle J.C., Alderson D.L. *et al.*, *The «robust yet fragile» nature of the Internet*, in http://www.pnas.org/cgi/reprint/102/41/14497
Drezner D.W., Farrell H., *The Power and Politics of Blogs*, in http://www.utsc.utoronto.ca/~farrell/blogpaperfinal.pdf
Dunlop T., *If You Build It They Will Come. Blogging and the New Citizenship*, in http://evatt.labor.net.au/publications/papers/91.html
Galitsky B., Levene M., *On the Economy of Web Links: Simulating the Exchange Process*, in http://www.firstmonday.dk/issues/ issue9_1/galitsky
Goldhaber M., *The Mentality of Homo Interneticus: Some Ongian Postulates*, in http://www.firstmonday.org/issues/issue9_6/goldhaber/index.html
Institute for Politics, Democracy and the Internet, *Political influentials online in the 2004 presidential campaign*, in www.ipdi.org/Influentials/Report.pdf
Jackson D., *Competition and The Long Tail*, in http://internetstockblog.com/article/1175
Jarvis J., *Revisionist Curmudgeons*, in http://www.buzzmachine.com/index.php/2005/10/24/revisionist-curmudgeons/
Johnson S., *Web 2.0 arrives*, in http://www.discover.com/issues/oct-05/departments/emerging-technology/
Kelly K., *We are the web*, in http://www.wired.com/wired/archive/13.08/tech.html?pg=4&topic=tech&topic_set=
Kling A., *Incumbent Politicians vs. the Long Tail*, in http://techcentralstation.com/082305A.html
Kluitemberg E., *Media without an audience*, in http://amsterdam.nettime.org/Lists-Archives/nettime-l-0010/msg00204.html
Krebs V.E., *Uncloaking Terrorist Networks*, in www.firstmonday.org/issues/issue7_4/krebs/
Langreiter C., Tscherteu G., *The Blogosphere Map*, in http://www.realitylab.at/blogospheremap/blogospheremap_eng.PDF
Laughlin R., Pines D., *The theory of everything*, in http://www.pnas.org/cgi/content/full/97/1/28

Levene M., Fenner T., Loizou G., Wheeldon R., *A Stochastic Model for the Evolution of the Web*, in http://www.dcs.bbk.ac.uk/~mark/download/webgraph.pdf

Lyons D., *Attack of the Blogs*, in http://www.forbes.com/home/free_forbes/2005/1114/128.html

Maitland C., *Global diffusion on interactive networks: the impact of culture*, in http://www.it.murdoch.edu.au/~sudweeks/catac98/pdf/24_maitland.pdf

Massa P., Bhattacharjee B., *Using Trust in Recommender Systems: An Experimental Analysis*, in http://moloko.itc.it/paoloblog/papers/itrust2004/trust2004.html

Masum H., *The Open Opinion Layer*, in http://www.firstmonday.dk/issues/issue7_7/masum/

Masum H., Zhang Y.-C., *Manifesto for the Reputation Society*, in http://www.firstmonday.org/issues/issue9_7/masum/

Mayfield R., *Long-armed law of the wiki*, in http://ross.typepad.com/blog/2005/10/longarmed_law_o.html

Mayfield R., *Social Networking Models*, in http://radio.weblogs.com/0114726/2003/03/30.html#a376

Oberholzer-Gee F., Strumpf K., *The Effect of File Sharing on Record Sales. An Empirical Analysis*, in http://www.unc.edu/~cigar/papers/FileSharing_March2004.pdf

Ortoleva P., *L'argomentazione storica al tempo degli ipertesti*, in http://lastoria.unipv.it/dossier/ortoleva.htm

Penemberg A.L., *Newspapers Should Really Worry*, in http://www.wired.com/news/culture/0,1284,65813,00.html

Pennock D., Flake G., Lawrence S., Glover E., Lee Giles C., *Winners Don't Take All: Characterizing the Competition for Links on the Web*, in http://modelingtheweb.com/pennock-pnas-2002-weblinks.pdf

Perugini S., Goncalves M.A., Fox E.A., *A Connection-Centric Survey of Recommender Systems Research*, in http://arxiv.org/PS_cache/cs/pdf/0205/0205059.pdf

Raymond E.S., *Colonizzare la noosfera*, in http://www.apogeonline.com/openpress/doc/homesteading.html

Roncaglia G., *Blogosfera e feed RSS: una palestra per il semantic web*, in http://lgxserve.ciseca.uniba.it/lei/ai/networks/03-2/roncaglia.pdf

Roncaglia G., *Ipertesti e argomentazione*, in http://www.merzweb.com/ipertesti/Ipertesti%20e%20argomentazione. htm

Sanger L., *Why Wikipedia Must Jettison Its Anti-Elitism*, in http://www.kuro5hin.org/story/2004/12/30/142458/25
Searls D., *Wow! That was fast*, in http://doc.weblogs.com/2005/08/25#wowThatWasFast
Seely Brown J., *Growing up digital*, in http://www.usdla.org/html/journal/FEB02_Issue/article01.html
Shirky C., *Communities, Audience and Scale*, in http://www.shirky.com/writings/community_scale.html
Shirky C., *A Group Is Its Own Worst Enemy*, in http://shirky.com/writings/group_enemy.html
Shirky C., *Onthology is Overrated*, in http://www.shirky.com/writings/ontology_overrated.html
Shirky C., *Power Laws, Weblogs and Inequality*, in http://shirky.com/writings/powerlaw_weblog.html
Shirky C., *The Semantic Web, Syllogism, and Worldview*, in http://www.shirky.com/writings/semantic_syllogism.html
Shirky C., *Social Software and the Politics of Groups*, in http://shirky.com/writings/group_politics.html
Silverthorne S., *Music downloads: pirates - or customers?*, in http://hbswk.hbs.edu/item.jhtml?id=4206&t=innovation
Sofi A., *Parla come magni*, in http://www.webgol.it/archives/000671.html
Sterling B., *Order Out of Chaos*, in http://www.wired.com/wired/archive/13.04/view.html?pg=4
Terdiman D., *Wikipedia faces some growing pains*, in http://www.wired.com/news/culture/0,1284,66210,00.html?tw=wn_story_related
The Work Foundation - iSociety, *You don't know me but... - Social Capital & Social Software*, in http://www.theworkfoundation.com/research/isociety/social_capital_main.jsp
Trocino A., *Dalla Rete solo ironie: Prodi chiude il blog*, in http://www.corriere.it/Primo_Piano/Politica/2005/03_Marzo/26/blog_prodi.shtml
Walker J., *Links and Power: The Political Economy of Linking on the Web*, in http://cmc.uib.no/jill/txt/linksandpower.html
Whetten D.A., Mackey A., *A Social Actor Conception of Organizational Identity and Its Implications for the Study of Organizational Reputation*, in http://www.reputationinstitute.com/sections/rank/Whetten_2002.pdf
Zambardino V., *Internet e il digitale terrestre, il rischio del dop-*

pio mercato, in http://www.repubblica.it/2005/b/rubriche/scenedigitali/duemercati/duemercati.html
Zhou S., Mondragon R.J., *Analyzing and Modelling the AS–Level Internet Topology*, in http://arxiv.org/ftp/cs/papers/0303/0303030.pdf

INDICI

INDICE DEI NOMI

INDICE DEL VOLUME